まえがき

90秒で勝負は決まる！

本書は、たった90秒で、クライアントや職場の上司、同僚、（あなたが経営者であれば）従業員たち、あるいはまったくの初対面の相手からも好印象をもたれ、彼らと心を通じ合わせる技術を習得するための本である。本書でこのテクニックを身につければ、ビジネスも人生も、きっとうまくいくはずだ。

出会って最初の90秒――そのあいだに何が起こっているのだろうか？　人と出会った瞬間、私たちの心身は生存本能をはたらかせて、無意識下に〝一瞬の判断〟を下す。**逃げるか、闘うか、仲間になるか？　この人はチャンスをくれるのか、危害を加えてくるのか？　敵か、味方か？**

この最初のハードルを乗り越えて信頼を生みだすことができれば、一対一のレベルで好印象を与え、相手とつながりを築くことができる。

出会った瞬間に誰からも好かれる人は、どこが違うのか？

カメラマンとしてまだ駆け出しの頃、私はロンドン、リスボン、マドリッド、ニューヨーク、ケープタウン、トロントといった街で、スタジオとクライアント先とを行き来する毎日を送っていた。

そこで私は、出会った瞬間にどんな人からも好かれる人種がいることに気づいた。彼らはその才能のおかげで、誰とでもすぐに親しくなり、ビジネスの範囲を広げて、成功の階段を駆け上がっている。

だが、こんなことができるのは7人に1人程度だ。心がオープンで、他人とあっという間につながりをつくる人たちが成功する一方で、心を閉ざし、人と交わるのを避けてしまう人たちはチャンスや運をつかみそこね、成功から取り残されている。驚いたことに、それは頭脳や美貌、そして才能の有無にはまったく関係しないようだ。

しばらくすると、私には他人から好かれて、良いつながりをつくることのできる行動パターン、あるいは、それができない行動パターンというのがわかってきた。

ある種の人たちは良い結果を招く行動パターンをとり、別の人たちはうまく結果を出せない行動パターンから抜け出せずにいるのだ。

ちょうどその頃、私はリチャード・バンドラー博士とジョン・グリンダー博士の研究を知った。博士たちが開発したのは神経言語プログラミング（ＮＬＰ）とよばれるもので、人間の行動の背後にある仕組みと、こちらの望む行動を人にとらせるための言葉の使い方を理解するためのテクニックだった。

すぐさま私はバンドラー博士のもとを訪ね、ロンドンやニューヨークで博士について勉強し、ＮＬＰの資格を取得した。

私はそれからというもの、日常出会う相手の行動パターンを観察して、他人と仲良くできる能力を持ち合わせた人とそうでない人とのアプローチの違いを、具体的に見出すことが容易になってきた。

仕事で成功をおさめるようになると、大学やさまざまな団体から、広告・

ファッションの撮影についての講演依頼が増えた。そのうちに私の講演は、最初の5分が撮影の話で、あとの55分は、被写体となる人物とどのように心を通わせ、協力態勢をつくりあげるかという内容に変わっていった。

それからまもなく、航空機の客室乗務員に対して、また大学、病院、その他さまざまな組織に赴いて、後者の内容だけで講演をするようになった。

こうした活動はすぐに、世界中の大企業との契約が成立するという形で実を結んだ。

苦手な相手とも90秒で信頼関係を築ける

ビジネスの世界により深く関わって、多くの人々と交流をもつようになると、ビジネス上のつながりとプライベートでのつながりとでは質が違う、ということがわかってきた。

プライベートなら友人を選ぶこともできるが、ビジネスの世界では、仕事を辞めないかぎり、上司や同僚あるいは従業員、クライアントとの関係から逃れることはできない。本書では、あなたが関係をもたなければならない相手と日常的にうまくつながりを築き、維持するために必要となる、ありとあらゆることをお教えしよう。

専門家によると、経済的な成功は、その15%が技量や知識で決まり、残りの85%は相手と心を通わせ、相手の信頼と尊敬を勝ちとる才能で決まるらしい。

仕事を求めて面接を受けるにしろ、商品を売り込むにしろ、生徒を指導するにしろ、上司に昇給の交渉をするにしろ、人との関係づくりがうまければ、それだけ成功の確率も高まるということだ。

しかもそれにはスピードが要求される。**人は、「好きか嫌いか」「OKかNGか」を90秒以内に判断してしまうからだ。**

この90秒を最大限に活用する方法をこれから学んでいこう。

本書では、言葉以外のものが相手に与える影響から好感をもたれる外見にいたるまで、あるいは一対一の会話能力から複数の人々に関わり、影響力を及ぼす技量にいたるまで、さまざまな内容についてお話しするつもりだ。

現代の過激な競争社会を勝ち抜くには人脈づくりが不可欠だが、それに役立つあまたのテクニックや戦術を紹介するとともに、新たな人脈やすでにある人脈をあなたの味方にするための方法を、実際のエピソードに沿って示していく。

『90秒で好かれる技術』をお読みいただいて、あなたの肉体、心、声、そして何よりイマジネーションをフルに活用し、ビジネスでもプライベートでも、あるいは一般的な社会生活でも、あらゆる人間関係においてあなたの可能性を最大限に引き出すことで、すばらしい競争力を身につけてもらいたい。

ニコラス・ブースマン

90秒で好かれる技術

CONVINCE THEM IN 90 SECONDS OR LESS
by Nicholas Boothman

90秒で好かれる技術　もくじ

第1章

「第一印象」が成功の決め手だ

第2章 相手の心のガードを解除しよう

第3章 非言語コミュニケーションの「ABC」を意識しよう

第4章 好感をもたれる〝脳の言葉〟を使おう

第5章 相手の感覚に合わせよう

第6章 自分と相手のパーソナリティタイプを知ろう

第9章 コミュニケーションの回線をひらこう

第10章 質問と会話の技術を身につけよう

第11章 相手の関心を惹くアプローチを見つけよう

第12章 イマジネーションに訴えるプレゼンテーションをしよう

第1章

「第一印象」が成功の決め手だ

私が最初に就いた仕事はフランシス・ザビエル・マルドゥーンのアシスタントだった。そのころマルドゥーンは、イギリスで最大の発行部数を誇る《ウーマン（Woman）》誌の広告部長だった。１９６０年代半ばのイギリスで、彼はわずか3年のうちに無名からとてつもなく競争の激しい業界のトップに登り詰めたのだ。彼はいわば社交の天才だった。マルドゥーンの天賦の才能がこれほどまでに開花した秘密は、彼の経験から生まれた法則『マルドゥーンによる福音』にあった。『マルドゥーンによる福音』の第一節はこうだ。

第一印象は何にもまして成功の決め手となる。
身分や資格や学歴よりも。あるいはランチに使った金額よりも。

実際のところ、私たちは初対面の相手と出会ったとき、たいてい最初の2秒で相手にどう対応するかを決めている。だが、安心してはいられない。その2秒のあいだに、相手もあなたへの対応を決めているのだから。

（それなら残りの88秒はどうなのかって？　相手との関係を確固たるものにしたうえで、今後のつきあい方を決めているのだ）

マルドゥーンの見解はどんなときもいたってシンプルだ。

相手が気に入ってくれたら、一番の長所を見てくれる。嫌われたら、一番の短所に目を向けられる。

これはどんな人にも当てはまる。たとえば、クライアントが君を気に入ったら、そこらじゅう飛びまわっている君を見て、やる気満々だと解釈する。でも君のことを気に食わなければ、ただのバカだと思う。

まさにそのとおりだ。面接官があなたに好感をもっていれば、あなたの穏やかな性質を思慮深いと解釈してくれるだろう。逆の場合はただの弱虫と評される。

あなたを気に入っている上司なら、あなたの自信満々な態度をガッツがあると見てくれる。あなたを煙たがっている上司なら、傲慢なやつだとみなすだろう。ある人には天才に見えても、ほかの人の目には愚か者と映る。

すべては相手のイマジネーションのなかで、あなたがどう描かれるかにかかっている。

次にあげるのも『マルドゥーンによる福音』の一節だ。

相手のイマジネーションにはたらきかければ、心がつかめる。
イマジネーションが感情を引き起こし、感情が態度となってあらわれる。
そして態度が行動を決めるのだ。

私はいまだかつてフランシス・ザビエル・マルドゥーンのような人物に会ったことがない。彼はまぎれもなく天才だった。

だが、彼がどうしてこれほどまでに成果をあげるのか、それを理解するにはしばらく時間がかかった。じっさい私が彼のもとでやっていた仕事のなかにはまったく意味がないように見えるものもあった――最初のころは。

マルドゥーンはどうやって〝90秒〟で26週分の広告契約を獲得したのか?

私がマルドゥーンから最初に言いつけられた意味のわからぬ仕事とは、さまざまな種類の２４６７枚の封筒に表書きをし、封をして巨大な布袋に詰めることだった。

翌日の午後、私はこの巨匠について、ある通販会社の社長室に営業に出向いた。マルドゥーンはこざっぱりとした身なりで、自信にあふれ、なおかつ楽しそうだった。それにひきかえ私は、大きな布袋をかかえ、まるで死体を盗んで帰る墓泥棒のようだった。

社長室に通されると、マルドゥーンは未来のクライアントとまるで古くからの友人のように挨拶を交わした。彼は私をアシスタントだと紹介し、社長は私たちに着席を促した。

私たちはアンティークの特大デスクの前に用意された椅子に腰を下ろした。すぐさまマルドゥーンは笑みを浮かべて話しだした。

「お見せしたいものがあるんです」

「拝見しましょう」社長はあいまいにうなずいてみせた。

「ニック、君の出番だ」マルドゥーンが言った。私は一瞬の躊躇もなく、少々気取った様子で床に大きな緑のシートを広げ、その中央に袋の中身をあけた。あまりに数が多すぎて、封筒は床に崩れ落ち、椅子のほうにまで広がった。

山と積み上げられた封筒を前にあぜんとする社長に、マルドゥーンは言った。

「ウーマン誌に広告を載せれば、これだけの反応が舞い込みます」

そして充分な間を置き、マルドゥーンは社長の目をまっすぐに見つめて、続けた。

「うちに広告を載せていただいたライバル社には、わずか一日で２４６７通の反応が届きました。同じことを御社にも起こしてみせます」

ここまでにどれだけの時間がかかったと思う？　ほぼ90秒だ。

26週分の広告契約書と布袋に戻された２４６７枚の封筒を携えて、私たちはタクシーでオフィスに戻った。タクシーのなかで、マルドゥーンは私に『マルドゥーンによる福音』を少し学ばせてもいい時期が来たと判断したようだ。

「今日、見えないところで何が起こっていたと思う？」マルドゥーンが尋ねた。

「あの社長にはお会いになったことがないんですよね？」と私は問い返した。

「初対面だ」

「だけど、古くからの友人のようでした」

「そうだろ？」マルドゥーンは笑みを浮かべ、私のほうを向いた。

「なぜだかわかるかい？」

「あなたの噂を耳にしていたのでは」

マルドゥーンの3つの教え

① 人と会ったら、
相手の目を見てほほえむ。

＋

② 相手と同じことをする。

＋

③ イマジネーションに
はたらきかける。

「そんなはずはない。これから何が起きていたのか説明してあげよう」

彼は私のほうに顔を向け、いかにも面白そうな表情でにやりと笑い、私の目をまっすぐに見つめた。彼は指折り数えながら、3つの教えについて話してくれた。

私は座席に深く座り直した。彼も座り直して話を続けた。

人と会ったら、相手の目を見てほほえむ
――マルドゥーンの教え①

「相手が君のことをちゃんと見てくれていないと感じることが一日に何度ある？」

「何十回とあります」私は答えた。

「それなら君は何十回とチャンスを無駄にしているんだよ。君と相手との関係、たとえば顧客や仕事仲間、受付係やタクシーのドライバーといった人との関係をベストな状態にするために、**もっとも簡単で効果のある、しかも金のかからない方法――それは、相手の目を見てほほえむことだ。**なぜだかわかるかい？」

「誠実さや相手に関心をもっていることが伝わるからでしょう」

「いい答えだ。だがそれだけじゃない。もし君の好きなニュースキャスターが、うつむきながら、または窓の外を見ながらニュースを伝えていたら、真剣に聞く気になるかい?」

「なりません」

「メッセージは声の届くところに送られる。声は視線を向けたところに届く。出会った相手がまったく視線を合わせてこなかったら、どう感じる? 相手が視線を合わせてきた場合は? 会話の相手が誰かほかの人と視線を交わしていたら、君ならどう思う?」


アイコンタクトは、もっとも大切な非言語コミュニケーション手段のひとつだ。〝目は心の窓〟といわれるが、営業の窓口でもある。**なぜなら、アイコンタクトは互いのあいだに信頼があることを無意識のうちに伝えてくれるシグナルだからだ。**

また、人とつながりをもちたいとき、目は大事な疑問に答えてくれる。こちらの話の内容に注意を向けているか? 自分に魅力を感じているか? 気に入ってくれたか?

社会生活やビジネスの場において、アイコンタクトの微妙な差異が多くを語ることがある。たとえば、相手が目を細め、やや下向きかげんで軽く一方に顔を向けながら、なおかつ視線を合わせてくる場合は、非常に親密な話をしようというシグナルだ。目が優越感を伝える場合もあるし（顔は上向きかげん）、敵意を示す場合もある（視線が一定でぐらつかない）。逆に、視線をそらすことが弱さや何かを避けたい気持ちを表すこともある。だから、大事な話をしたいときは視線を意識しないといけない。


マルドゥーンはまっすぐに私の目を見つめ、静かにゆっくりとこう言った。

「目は権威を放ち、君のメッセージに方向性と焦点と意味を与えてくれるんだ」

彼は私をじっと見つめた。

私が目をそらすと、「わかったかな？」と尋ねた。

「はい」と私は力強くうなずいた。

「なら、笑顔を見せてごらん」。私は不自然な笑い顔をつくった。そのとたん、「なんだ、それは？」というマルドゥーンの言葉が返ってきた。

「やれと言われてできるものじゃありません」

「うぬぼれだな。意味もなく笑顔を見せたらバカだと思われるんじゃないかと心配か?」

「バカどころか、まぬけですよ」

「よし、なら教えてあげよう。われわれが人とつき合う際の合図として使えるのは、なにも目だけじゃない。**相手に好印象を与える一番手っ取り早い手段は、笑顔だ。**君が笑顔を見せれば、世界中が君に笑いかけてくれる。

笑顔を見せるというのは、すなわち『私に近寄ってきていいですよ』『私は喜んでいますよ』『信じていますよ』というシグナルを送っているのと同じだ。つまらないうぬぼれで、成功への道をふさいでいる場合じゃない」

エクササイズ 1

「すばらしい」と言ってみよう

相手に好印象を与える手っ取り早い手段は、笑顔だ。笑顔を見せるだけで、「近寄ってきていいよ、私はうれしいんだ、信じているよ」という気持ちが相手に伝わる。プロのモデルは気分を上げて、笑顔をつくりだすコツを身につけている。

私のお気に入りのテクニックを紹介しよう。2～30センチの距離で鏡に向かい、じっと自分の目を見つめながら、できるだけ多くのやり方で「すばらしい」と言ってみる。怒りながら言ってみたり、大きな声で、あるいは優しい声で言ってみたり、セクシーなムードを出したり、ときには好きなタレントのまねをしたり……思いつくかぎりどんどんやってみる。そのうち笑いだしてしまうだろう。これを毎日1回、3日ほど続けてみるといい。

次に誰かと会ったとき、「すばらしい」と3回つぶやいてみよう。きっと笑顔になれるはずだ。

相手と同じことをする
――マルドゥーンの教え②

私がマルドゥーンと初めて会ってからまだ3日しか経っていなかった。けれど、この3日のあいだに、私はマルドゥーンが90秒でセールスチームをやる気にさせ、90秒で編集スタッフに戦略計画をたたき込み、90秒で売り込みに成功する姿を見ていた。だが、オフィスへ戻るタクシーのなか、私は彼を生まれたときからずっと知っているかのように感じていた。その理由はマルドゥーンの2つめの教えだ。

「今どんな気分だね？」マルドゥーンが尋ねた。

「いい気分です」

マルドゥーンは片方の眉をかすかに上げた。

「いや、とってもいい気分です」

「わかってるよ」マルドゥーンは言葉を続けた。

「なぜわかると思う？」

「私がにこにこしながらうなずいて、たくさんのことを教えてもらっているからでしょう。わかりきったことですよね」

「ああ、だがそれだけじゃないよ。君の座り方を見てごらん」

私は思わず視線を落とした。そのときの私は右肩をタクシーの側面にあずけて腕を組み、顎が左の鎖骨にくっつくようにして座っていた。

「次は私の座り方を見てごらん」

そう言われるまで気づかなかったが、彼の言葉であらためて注意して見ると、**マルドゥーンは私とまったく同じ姿勢で座っていたのだ。まるで鏡を見ているようだった。**

「人は誰かと親しくなるとき、どんなことをしているかわかるかい?」

私はわからないというように首を振るだけで充分だと思った。すると、彼も同じことをした。マルドゥーンもわからないというように首を振ったのだ。

「互いに似た行動をとるんだ。同じ座り方をし、同じ話し方をする。今日、通販会社で客が首をかしげていたら、私も少し首をかしげた。相手が緊張している様子なら、私も緊張しているように見せた。リラックスしているときは、私もリラックスした。

動作や態度、表情をその場に合わせて変えたんだ——すべてがうまくなじむようにね」

「カメレオンのように？」

「今も君に対して同じことをやっている——君はまったくそれに気づいていなかった。たとえ気づいていなくても、君は心地よさを感じ、リラックスできた」

「そうか！　だから、あの社長と長年のつき合いのように見えたんですね」

私にもようやく合点がいった。

マルドゥーンの言うとおりだった。人はどうすればうまくなじめるかを本能的に知っている。どうすればカメレオンになれるかを知っているのだ。だって、生まれたときからずっとそうやってきたのだから。

人は誰かのまねをしながら学んでいく。私があなたに笑顔を向けたら、あなたは笑顔を返すし、私が「おはよう」と言ったら、あなたはたいてい同じ挨拶を返してくる。**相手と同じ行動を返すというのは人間が生まれもった性質なのだ。**これはリンビック・シンクロニー（Limbic Synchrony：大脳辺縁系の同調性）と呼ばれ、人間の脳にもともと組み込まれたものだ。

人は生まれたときから同調を繰り返してきた。赤ちゃんの頃には母親のまねをして身体のリズムをとり、よちよち歩きの頃には遊び友だちの影響で気分が変わる。ティーンエイジャーになると仲間の嗜好に合わせるようになり、大人になってからは、ものの見方や好みが驚くほど友人に影響される。自分と似ている人と一緒にいると居心地がよく、そういう人を好きになる。「あなたを好きだ（I like you）」というのは、たいてい「私はあなたと似ている（I'm like you）」という意味だ。


マルドゥーンによれば、**動作や態度、表情を意識的に相手に合わせたら、その人は居心地がいいと感じてくれる。**まるで以前から知り合いであったかのようなムードが生まれ、相手はこちらを好きになってくれる。

今の世の中で成功できるのは、社内や業界内で多くの人間と知り合い、知り合った相手をよく理解している人たちだ。彼らは多様なネットワークを作っている。それは多くの人たちとつながりをもち、なくてはならない存在になっているからだ。そして、そうした人たちは、カメレオンのように、人とうまくなじむ方法を知っているのだ。

イマジネーションにはたらきかける
――マルドゥーンの教え③

私たちはラッシュアワーにつかまった。タクシーは前に進まなくなり、オフィスへ戻るのにあと30分はかかりそうだった。あたりは暗くなってきた。

「腹は減ってないか？」マルドゥーンが尋ねた。

「いえ、全然」

私はもっと話を聞きたかったので、食べ物に気持ちが向いていなかった。

私は3つめの教えについて聞きたくてうずうずしていたのだ。


すると突然マルドゥーンがうしろを振り返り、リアウインドウを指さした。

「あのでかくて古めかしい灯りが見えるかい？　あそこのレンガのビルの角だ」

「あれがどうかしたのですか？」と私は尋ねた。

「夕べあそこに行ったんだよ。〈ベントリーズ〉だ。仕事を終えたジャーナリストや広告業界の人間が集まる社交の場になっている。夕べは友人たちと夕食をとったんだ。あそこの料理は格別でね。
オーダーしたのはホウレン草のスフレのアンチョビソース添え。自家製のパンが付いてきた。パンはサクサク、スフレは口のなかで溶けてしまうようだ。メインディッシュは、ペッパーコーンステーキにクリーミーなマッシュポテトとグリーンピースを添えたもの。仕上げは、高級ヴィンテージブランデーでフランベしたクレープ・シュゼットだ」

さっきは腹が減っていないと言ったものの、マルドゥーンの話を聞くうちに、それらの料理が目に浮かび、思わずよだれが出てきた。ジュージューと肉の焼ける音、パンのサクサクとした歯ごたえ、なめらかなポテトの舌触り、デザートの甘い匂い……。想像すればするほど、食べたくなってきた。

「すっかりその気にさせてくれましたね。もうお腹がぺこぺこですよ！」
「いや、**私はただ君のイマジネーションにはたらきかけて、君の感情を動かしただけだよ**――この場合は、君の食欲を動かしたというべきかな」と言って、彼はにっこり笑った。

私の頭のなかで何かが光った。

「そうか、同じようにして、あのときもイマジネーションを動かしたのですね！　私たちが袋のなかの封筒を床に広げたとき、宣伝の成功という夢が実現するのを、あの社長はイメージできたというわけですね」

マルドゥーンはただうなずいて、ブリーフケースに手を伸ばし膝にのせた。私に何か見せるつもりだなと思ったが、彼はただ薄いフォルダーを取り出し、中身に目を通しはじめただけだった。


私はちらりとマルドゥーンに目をやり、思いをめぐらせた。

彼の言うことは当たり前といえば当たり前だ。どうして今まで考えつかなかったのか？　人に目を見つめられたら、認められたと思うだろうし、相手とのつながりを感じるのは当然だろう。自分とよく似た人といると居心地がよかったり、何かしらのつながりを感じたり、相手を尊重したくなったりするのも当然だろう。そして、イマジネーションが感情を揺り動かすカギであるのは間違いない。

相手を心から説得するための3つの条件

ドライバーと私たちを隔てるガラスのパーティションが突然開いた。

「すみません、お客様。前方で喧嘩か何かあったみたいです。それほど長くはかからないと思いますが」

「そりゃどうもご親切に」私は皮肉めいた言葉を返した。

「私のせいじゃありませんよ」

ドライバーはそう言って、パーティションをピシャリと閉めた。ドライバーの言うとおりだ。彼の落ち度じゃない。私が空腹で気が立っていたせいで、ドライバーを不快にさせる言い方をしてしまったのだ。

「了解だ。教えてくれてありがとう」

苦々しい表情を私に向けながら、マルドゥーンはドライバーに聞こえるように大きな声で言った。そして、私に向かってささやいた。

「結構な第一印象だな。いったい彼に何を求めているんだ？　彼と対決したいのか、それとも彼に協力してほしいのか？　――考えてみろ。少しでも早くオフィスに戻るには何をするべきだと思う？　ドライバーに敬意を払うことか、それとも脅して知恵を絞らせることか？」

私の顔に浮かんだ困惑の表情を見て、含み笑いをしながらマルドゥーンは続けた。

「いいかい、**自分が望んでいることを人にやってもらうには、君を助けたいと相手に思わせないとだめなんだ**。成功する人間は遅かれ早かれ、それを実感する。

他人に何かをやらせる手段は6つしかない。法律、金、精神的威圧、肉体的威圧、肉体による誘惑、そして説得だ。

そのなかで、**説得がもっとも効果がある**。ゲームでいえば一つ上のステージだ。頼りになるのは自分の力だけ。法による圧力や金銭による誘惑、精神や肉体の支配、美の魔力、そのどれよりも説得は力があり、早く効く。たいてい金がかからず、望んだ結果を生むことができる。

問題は、もし第一印象の段階でへまをしたら、そう、君が今やったようにね、説得は功を奏さない。そうなると、事態をコントロールするには他の方法に訴えるしかなくなる。

ドライバーは今のところ君が気にくわない。彼は君のことを、世のドライバーたちに同じような言葉をぶつける腐った奴らと一緒くたにしている」

かのウィンストン・チャーチル卿は、説得は「最悪の統治形態だが、それでもほかの形態に比べればましだ」と言った。アリストテレスは「説得が真に効果を発揮するには3つの要素——信頼、論理、情動——が必要だ」と言った。

これを現代流に言い直すと、次のようになる。

相手を説得するには、

①態度や外見を通して信頼を築き、良い第一印象を与えること

②反論の余地のない論理で主張すること

③相手の感情を引き出すこと

あなたの目的が、広告スペースを売ることであろうと、ワインの銘柄を勧めることであろうと、演説を行うことであろうと関係ない。聴き手にあなたを信頼させ、筋の通った話をし、相手の心を動かす。相手を説得するには、そのすべてを敏速に伝達することだ。

コミュニケーションが成功するまでいろいろな方法でトライする

ところで、コミュニケーションとはいったい何なのか？

たとえば、ある期限までに業者に何かやってほしいことがあったのに、業者がそれをやらなかったとする。その場合、私のコミュニケーションは失敗したことになる。

私のコミュニケーションが成功するか否かは１００％私の責任なのだろうか？　答えはイエスだ。ビジネスであろうとプライベートであろうと、コミュニケーションが効果的であったかどうかは、それによって得られた反応で決まる。

ならば、業者が商品を納入しなかった場合、私はどうすればよいのか？　どういう事情があったのか尋ねてみてもいいだろう。相手は二度とこんな事態を起こさないと約束する。

だが、またもや納入しなかったらどうする？　同じことを繰り返し尋ねることもできるだろう。わめき散らしたり、懇願したりする手もある。

けれど別の手段として、自分の行動を変えてみてはどうだろう。何か別のことをやってみる──なんなら、業者を変えてもいい。そして、それでも望む結果が得られなかったら、望みどおりの結果が得られるまで、何度でも方針を変えてみる。**一番無駄なのは、同じことを何度も何度も繰り返しながら、違う結果を期待することだ。**

あなたが何か望みを実現するために、ひとつの方法にトライする。うまくいかなかった場合、もう一度同じ方法にトライすることもできる。けれども、こうしてはどうだろう。最初のトライによって得られた教訓（フィードバック）をもとに戦略を立て直し、もう一度トライする。それによって、さらなるフィードバックを得る。こうして望みどおりの結果が出るまで、変更と改善を繰り返すのだ。トライ↓改善↓トライ↓改善↓トライ……。そこに失敗は存在しない。あるのはフィードバックだけだ。

コミュニケーションを成功させる3つの要素〝KFC〟

「あそこの看板が見えるかい？」

マルドゥーンがケンタッキーフライドチキンの店の窓を指さしながら言った。

「なかを見てごらん」

店は満員だった。

「ケンタッキーフライドチキンは世界中に系列店をもっている。成功の理由は、ここへ来てチキンを食べたいという気持ちを人々にもたせたことだ。ケンタッキーフライドチキンがグローバル・ブランドに発展したのは、ありきたりな食べ物を客が利用しやすい形で、しかも適正価格で提供していて――さらに、約束を守っているからだ。ブランドの本質は、客と約束を交わし、それを守ることにある」

「そして、イマジネーションにはたらきかけて、心をつかんだのですね？」

「そのとおり。だが強制や脅迫なんて手は使っていない。相手を納得させたんだ。客は誰かに言われて無理やり食べにきたわけじゃない。

強制とは、自分が相手にやってほしいことを相手にさせること。説得とは、自分が相手にやってほしいことを、相手に自分からやりたいと思わせること。それは人々の夢を利用して、売り込みたい商品やサービスやその理由を相手の夢の実現と結びつけるやり方だ。つまり、それを見て、聞いて、感触を味わって、それがほしいと思わせるんだ」

マルドゥーンの話は私の心をつかんだ。だが一方で、空腹感が再び私を襲ってきた。マルドゥーンはひと息つき、少しのあいだ周囲を見回した。

「さっきの店が見えるかい？」タクシーはこの5分間ほとんど動いていなかった。

「見てごらん。あれを見れば、コミュニケーションを成功させる3つの要素を思い出すよ。それは〝KFC〟だ。すなわち、

①Know what you want（自分が望んでいるものは何かを自覚する）

②Find out what you're getting（実際に得られた成果に注目し、そこから学ぶ）

③Change what you do until you get what you want（望みどおりの成果が得られないときは方法を変えてみる）」

私には今ほしいものが正確にわかっていた――食べ物だ。だが、フライドチキンの店を見つめても何の足しにもならなかった。マルドゥーンはなぜこんなことをするのか？

「ええ、見ていますが、それが何の役に立つのか私にはわかりません」

突然、ピンときた。マルドゥーンは私を試しているのだ。私のイマジネーションをかき立て、わざと空腹を感じるよう仕向けたのだ。

「マルドゥーンさん」

「フランクと呼んでくれ」

「フランク、私は腹が減っているんです」

マルドゥーンは笑った。

「わかってるよ。それで、君はどうするんだい？」

私はフロントガラス越しに前方を見た。私たちはまさにラッシュアワーの渋滞に巻き込まれ、動けなくなっていた。オフィスに戻る頃には、レストランは閉まっているだろう。

私がマルドゥーンのほうを向くと、彼はドアのハンドルに手をかけ、肘でドアを押し開けた。

「じゃあ、また明日」

彼はそのままじっとしていた。

私は封筒の入った袋を手にとり、マルドゥーンの前を失礼して現実の世界へ足を踏み出した。マルドゥーンはドアを閉める前に、瞳をきらめかせながら私を手招きして言った。

「今日はテクニックを教えた。次は中身だ。君は飲み込みが早いよ」

第2章

相手の心のガードを解除しよう

二人の人間が出会うとき、最初の数秒間は、二人とも無意識のうちに、自分の身の安全を軸に、相手を品定めする。

「この人といると身の安全を感じるか／感じないか」

「この人のことを信頼できるか／信頼できないか」

こうした、いわば動物の生存本能によって、人は初対面時に（潜在意識レベルで）超警戒態勢をとる。何分の1秒かのあいだ、肉体は極度に敏感な状態になっているため、心のガードをはりめぐらせて身を守ろうとする。

あなたはガードのかげから目を凝らし、どの程度自分をさらけ出しても大丈夫か、いつ頃身をさらす準備にとりかかるかを判断する。

この時点でできあがった印象と、そこから広げられるイマジネーションによって、出会った相手に対する〝瞬時の判断〟―それが正しかろうが間違っていようが―が下される。この〝瞬時の判断〟を食い止めることはできないが、相手の防御的な反応を解除し、相手の心に受け入れムードやポジティブな期待を促すことは可能だ。

では、人が誰かを無意識に高く評価する一番の決め手とは何だろう？　それは何より、健康的でエネルギッシュな姿だ。その場にエネルギーをふりまく人は高く評価される。

エネルギーを吸い取ってしまいそうな人はダメだ。人が求めているのは、自分の成長を助けてくれそうな相手、奪うのではなく与えてくれそうな相手なのだ。

部屋に入ってくる様子、自分の場所を確保する様子、他人が話している内容に注意を向ける様子を見れば、一目瞭然。あなたの態度や姿勢、表情、アイコンタクトは、あなたの放つエネルギーのあらわれであり、相手はつねにそのエネルギーを見きわめている。

人はさまざまな非言語要素から相手を判断する

ハーバード大学のナリニ・アンバディ博士は、教え方のうまさを決める非言語要素の研究において、注目すべき発見をした。

博士は何百時間もの授業を録画したのち、ある学生のグループ（仮にAグループ）に彼らが授業を受けたことのない教師たちのビデオクリップを音声なしで2秒間だけ見せた。その後、Aグループと、一学期間この教師たちの授業を受けてきたBグループ、それぞれに教え方に関するチェック項目リストを渡し、教師たちの評価をしてもらった。

その結果、A、Bどちらのグループとも、ほとんど同じ評価を下したのだ。つまり、第一印象のもつパワーが証明されたわけである。

次ページのチェックリスト（アンバディ博士が使用したものではない）に、人が発する非言語シグナルをいくつか挙げてみた。

こうしたシグナルによって、人はシグナルの送り手を瞬時に判断する。シグナルはほかにもたくさんあるが、これだけでも、言葉以外のものから受ける印象がどれほど重要か、おわかりいただけるだろう。

もし今この本をレストランや空港など人がたくさんいる場所で読んでいるなら、まわりにいる人たちをこの基準に基づいて評価してみるといい。あなたが注目した人物について、項目ごとにもっとも適当と思う数字を○で囲む。たとえば、その人物がおしゃべり好きな人に違いないと思ったら5を○で囲み、どちらかといえばおとなしそうな人だと思ったら2を○で囲む、というように。

点数をつけているあいだ、あなたは相手から送られてくる非言語のメッセージを評価している。あるいはそれに反応している。

非言語シグナルのチェックリスト（例）

無口	1	2	3	4	5	おしゃべり
心を閉ざしている	1	2	3	4	5	心を開いている
つまらない(人)	1	2	3	4	5	面白い(人)
信頼できない	1	2	3	4	5	信頼できる
冷静	1	2	3	4	5	興奮しやすい
気まぐれ	1	2	3	4	5	一貫している
よそよそしい	1	2	3	4	5	親しみやすい
慎重	1	2	3	4	5	大胆
嫉妬深くない	1	2	3	4	5	嫉妬深い
無節操	1	2	3	4	5	節操がある

もちろん、あなたの評価が完全に間違っていることもあるだろう。残念ながら私たちの多くは、ボディ・ランゲージや外見（スタイル、服装、態度）から、気づかぬうちに相手に誤解を与えるようなシグナルを送っていることもある。

そもそも人は、本を表紙で選んだり、レストランをメニューの写真で判断したりする。それどころか、初めて訪れる外国では、空港で最初に出会った人の印象で街や文化まで評価してしまうこともめずらしくない。

でもご安心を。〝瞬時の判断〟を下してしまう傾向に太刀打ちすることも可能なのだ。

なぜ私は街角で見知らぬ相手と100％仲良くなることができたのか？

人が他人を瞬時に判断することは止められない。それは人間の本質だからだ。だが、相手の防御的な反応を解除し、信頼に基づく関係を築くチャンスは得られる。

私の前の著書『90秒で〝相手の心をつかむ！〟技術』（三笠書房刊）が出版されてすぐの頃、《ヒューストン・クロニクル》の記者が私に連絡を寄こした。私を試してみたいと言うのだ。

ヒューストンの中心街のある通りに、私たち（記者とカメラマン、私）は繰り出した。何を始めるかというと、まず、道行く人のなかから記者が選んだ人たちに私が近づいていく。記者とカメラマンは物かげから事の成り行きを見ている、という具合だ。

「あそこにいるグループが見えますか？　今から彼らの『心をつかんで』きてください」と記者が指示を出した。

私はその記者に、この本には街角で突然見知らぬ人に近づくことなんて書いてない、と説明しておいた。

「だとしても」と記者は切り返した。「面白いじゃないですか」

しかたがない。私は勝負に出た。ちょうど、5人の自転車便の配達員が昼食をとっていた。私はダブルのブレザーに白のボタンダウンシャツ、黒のジーンズに赤い靴を履いていた。そして彼らに近づいていった。10秒もしないうちに、私たちは楽しい時間を共有していた。まるで仲間どうしのようにおしゃべりを続けた。

私が記者を呼ぶと、彼はカメラマンとともに物かげから出てきて、彼らに私のことをどう思うかと尋ねた。配達員たちはこう答えた。

「いい人だと思ったよ」「危険を感じなかったね」「赤い靴を見て、おしゃれだと思った」

「おしゃべりも楽しいし、服装のセンスもいい」「彼とは気楽に話せたわ」……

彼らに別れを告げると、記者はさらにハードルを上げた。高そうなスーツを着たビジネスウーマンがブリーフケースを持ってビルから飛び出し、そのまま向かいのビルに向かっていった。

「次は彼女だ」と記者が言った。「彼女の心をつかんでくれ」

20秒後、私と彼女は一緒に笑っていた。姿をあらわした記者に彼女はこう答えた。

「彼には温かさを感じたわ。話しているあいだ、私の目を見てくれていた。ちゃんと私の話を聞いていて、それに応えてくれているのがわかったわ。ずっと笑顔だったしね」

記者はさらに難度を上げた。自転車でパトロールをしていたヒューストン警察の警官2人が、バス停の前に座っていた。この場合も結果は同じだった。

「彼に出会ったとき、怪しい人間だとは思わなかったよ」と1人の警官が言った。

「彼は身なりもきちんとしているし、礼儀をわきまえていた。危険を感じさせなかったね」

もう1人の警官もそう答えた。

「彼のことを気に入ったのですか？」と記者が尋ねると、警官たちは答えた。

「もちろん、彼はいい人だよ」

その話が世に出てから1ヵ月ほどして、《ニューヨーク・タイムズ》紙の有名なコラムニストから電話をもらった。

「ほかの土地ならうまくいったかもしれないが、ニューヨークならどうだろうね」と彼は言った。

彼は私に過酷な試練を与えた。話しかける対象として、ありとあらゆるタイプの人間を用意した。美人だが不機嫌そうな顔でグランドセントラル駅に1人でいる若い女性、カーネギー・デリの無礼で有名なウエイター、地下鉄のトークンを売っている女性、などなど。結果はどれも同じだった――私は100％の確率で相手と仲良くなった。

どうしてそうなるのかって？　私は何をやったのかって？　他人を気持ちよくリラックスさせることができるというだけで、なぜ物かげから出ていく気になれるのかって？　なぜ誰にでも同じことができると思うのかって？

その理由は、これまで説明してきたとおりだ。

こうした状況に出くわしたとき、私は毎回まず自分に問いかける。

「私が望んでいるものは何か？」

これが一番重要だ。私は話しかけた相手に私を信頼してほしいと思った。それを頭にたたき込んだうえで、私が見ず知らずの人に尋ねても問題ないと思ったのは、「初めて会った相手を信頼できるかどうかは何で判断しますか？」という質問だった。

私は、相手に不安を与えることなく、その場にふさわしい質問をしようとしたのだ。

そして事を仕掛ける前に、私は自分が誠実で、エネルギッシュで、健康的に見えるよう、慎重に外見を整えた。見た目が私の味方をしてくれたのだ。あなたも自分のシグネチャー・ルック（訳註：その人独特の、特徴のある装いや様子。詳しくは172〜174ページ）を見つけておかないといけない。

初めて会った相手の〝心をつかむ〟7つのステップ

すばらしい第一印象をつくりだすために私がやった、7つのステップを紹介しよう。

①権威と親しみやすさのバランスを考えた服装を選ぶ

◎腰から上で示した〝権威〟……高価な真鍮のボタンがついたダブルのブレザーと糊のきいた白いボタンダウンシャツ。

◎腰から下で示した〝親しみやすさ〟……新しく清潔な黒のジーンズ。あまりフォーマルな印象を与えないところがポイント。きちんと磨かれた、明るい赤の高価な皮靴。少々型破りだが、堅苦しく受けとめられないために選んだ。

②相手に近づく前に、自分の抱くイメージに自分の態度を合わせる……私は好奇心が強く、遊び心がある。出会いの前には、好奇心と遊び心が良いバランスで組み合わさったときの気分を思い出し、自分をその気分にもっていく。70ページで詳し

く説明する。

③**出会いの前に「すばらしい、すばらしい、すばらしい」とつぶやき、笑顔になる**……大きな声で言っても、心のなかでつぶやいてもいい。大事なのは、〝すばらしい〟気分になること。この言葉には勇気を与え、気分を上向きにする力がある。

④**自分の心臓を相手の心臓に向ける姿勢をとる**……この動きはオープン・ボディ・ランゲージで、自分はオープンハート（心を開いている状態）であることを示している。80ページで詳しく説明する。

⑤**手に危ないものを持っていないと相手にわからせる**……相手に心のガードをはりめぐらせてほしくないからだ。

⑥**近づいたらすぐに、気持ちをなごませる質問をする**……必ず「すみませんが、ちょっとお尋ねしていいですか？」と言ってから本当の質問に移る。

「初めて会った相手を信頼できるかどうかは何で判断しますか？」

その答えに関心があるように見せるのは簡単だ。だって、本当に関心があるのだから。（質問は前もって、自分の望む結果に沿った質問を用意しておく）

⑦ボディ・ランゲージと声の調子を相手と同調させる……複数の人と話す場合、たとえば自転車便の配達員に話しかけた例では、一人ひとりに身体を向けて、相手に合わせて姿勢を変えていた。83ページで詳しく説明する。

＊　＊　＊

人との新たな出会いでは、出会ってすぐに、同時にやらなければならないことがいくつかある。今挙げた7つの段階には、おそらく10秒かそこらしかかからない。そのあいだに、相手と会話を交わし、相手を観察し、相手に応答する。

出会って最初の数秒間で、あなたは相手に何を伝えているだろうか。それによって、誠実で信頼でき、エネルギッシュで健康的な人だと思われるか、その場をすぐにでも立ち去りたいと思われるかが決まる。

《ニューヨーク・タイムズ》紙にその記事が載ったとたん、今度はＡＢＣテレビの《グッドモーニング・アメリカ》からこんな企画がもちこまれた。私だけが90秒で見知らぬ人とつながりをもつことができるのか、それとも私の本を読んだ人なら誰でもそのテクニックを身につけることができるのか、見きわめようというのだ。

番組レポーターのララ・スペンサーが私の著書を持ってニューヨーク・シティの通りへ出て行き、彼女自身が本の内容を実践してみた。成功率はなんと１００％！

続けて彼女は、通りすがりの男性（30代後半で見た目はたくましく、Ｔシャツにジーンズという格好）にも挑戦してもらった。５分間、彼が私の著書を読んで内容を頭にたたき込んだところ、まったく同じ結果を出すことができた。

だから、あなたにもできないわけがない。

「期待どおり」と「期待はずれ」が第一印象を左右する

ビジネスの場面では、第一印象が「期待」によってゆがめられることも多い。

私たちは電話や手紙、Eメールでの話し方や文面などから、その人がどんな人かというイメージを頭に思い描き、それに相手が合致していることを期待する。

相手がその期待にかなっていないと、いくぶん落胆してしまい、その落胆のせいで相手の良いところまで過小評価してしまうことがある。

その一方で、相手がこちらの期待どおり、あるいはそれ以上だったりすると、余計に相手の話を熱心に聞いたり、楽観的な見通しで投資してみたりしてしまう。

人やモノが期待どおりでなかったために気持ちがどこかほかの方向を向いてしまったときには、一度立ち止まって焦点を合わせ直そう。

そして自分に問いかけてみるのだ。

「私が望んでいるものは何なのか？」

プリントサービス業のエディは、最近得意先となった会社のクリエイティブディレクターのピエールと、電話やEメールで連絡を取り合うことはあったが、それまで実際に会ったことはなかった。そんな2人が初めてランチをともにすることになった。

ピエールを初めて見たとき、エディは目が飛び出るほど驚いた。予想していたのとはまったく違っていたからだ。ピエールは、身長がどう見ても2メートル近くある。

エディの仕事はとにかく店を回していくことだった。さっさと注文を出してもらい、迅速に商品を納め、速やかに支払いを済ませてもらう。エディの仕事相手はほとんどが小柄な男たち――機敏に動く男たちだった。

「この大男をいったいどう扱えばいいんだ？」とエディは無意識のうちに考えていた。

二人がテーブルに着いたときには、エディは確信していた。ピエールと一緒に仕事はできない。おそらくこの得意先はあきらめることになるだろう、と。

エディはどうすれば、こうした「第一印象」を乗り越えることができるのだろうか？

＊　＊　＊

じつは、これは自分自身とのコミュニケーションの問題である。エディはピエールの能力よりも、外見に意識が向いていた。自分が本当に望んでいるものを見失っていたのだ。彼自身が望んでいるもの、それは「印刷を行う職人たちに厄介事をもちこまず、人や物の流れを止めないクリエイティブディレクター」だ。そして、ピエールがこの条件に合っているかを判断する前から、エディの頭は憶測でいっぱいになってしまったのだ。

職場でも同じようなことが起こっている。普段から顔を合わせてはいるが、実際にはあまりよく知らない相手に対し、頭のなかで勝手なイメージを描いてしまう。初対面時の印象が、現在のその相手に対するイメージにまで影響してしまい、価値ある才能が隠されていたとしても、それを見出せなくなるのだ。

相手を気に入れば、相手の一番の長所に目がいく。相手が気に入らなければ、一番の短所に目がいく。出会った瞬間の判断によって心にフィルターがセットされ、相手のどんなこともそのフィルターを通して判断するようになる。

心のフィルターをはずして、もう一度相手を優しい目で見てみよう。きっと、あなたが見落としていたものとの、うれしい出会いがあるはずだ。

相手のパーソナル・スペースを尊重する

出会って90秒のあいだに犯しがちなミスのひとつ——それは、パーソナル・スペースの読み間違いだ。このミスが後々の反応にまで根深く影響することもある。

たとえば望遠レンズを使うと、4、5メートル先にいる被写体の顔をフレームいっぱいに収めることができる。普通のレンズを使って同じようなポートレートを撮ろうとすると、おそらく60センチぐらいまで、ぐっと被写体の顔に近づくことになる。できあがった写真に違いはあるだろうか？　まあ少しは違いがある。では、撮られているときの感覚はどうか？　これは大いに違いがある。

他人があまりにも近くに寄ってくると、人間はガードを固めようとする。相手が遠くにいればいるほど、その人から受ける脅威が減少するのは誰もがわかっている。けれども、他人が近づいてくるにつれて私たちの肉体や感覚がどう変化するかは、必ずしも明らかになっていない。

想像してみてほしい。ある人があなたに近づいてくる。彼はあなたの〝パブリック・スペース〟を通り越し、〝ソーシャル・スペース〟に入り込む。さらに〝ソーシャル・スペース〟からあなたの〝パーソナル・スペース〟にまで入り込んでくる。

彼はただこちらに近づいてくるだけだ。しかしそれだけで、あなたの心臓の鼓動が少し速まってこないだろうか？　その人を強く意識するようになっていないだろうか？彼が何をしようとしているのかをあなたの身体が見きわめようとして、ほかの感覚が目を覚ましていないだろうか？　それは究極の侵入だ。

その場合あなたは、逃げだしたい、あるいは肉体や言葉で侵入者を追いだしたいという抑えきれない衝動を感じるはずだ。

大げさな話のように感じるかもしれないが、人がせわしなく動きまわるオフィスのなかで、あなたの肉体はおそらく、こうした反応サイクルの一部もしくはすべてを、1日に10回程度は経験しているはずだ（たとえそれをあまり意識していないとしても）。

人はあなたが発するシグナルを絶えず無視して、予想以上に近づいてくることもあれば、こちらをしっかり見てほしい、話を聞いてほしいと思っているときに遠くをうろうろしていたりすることもあるのだ。

第3章

非言語
コミュニケーションの
「ABC」を意識しよう

昨年、6週間の出張で約30都市を訪れた。疲れはしたが、刺激的な旅だった。

ある日の午後、私は初めて訪れる都市へ飛んだ。空港の案内所で道を尋ねると、案内員はぶつぶつ言いながら、指で方向を示した。アイコンタクトもなければ、丁重さのかけらもない。有名な都市にしては、あまりにお粗末な対応だった。

翌日、私はセントルイスへ飛んだ。空港のドアが開くまで、私は横の窓からなかをのぞき込んでいた。手荷物用のベルトコンベヤーには、前方の貨物室のところまで、すでに荷物係が持ち場に就いていた。

荷物がちょうど飛行機から出てくるところだった。ベルトコンベヤーの下流側にいた青年は、荷物を取りあげるたびに楽しそうな足取りでカートまで運んでいた。なんて素敵な態度だろう。彼はとても楽しそうで、それを見ていると、その街での滞在が楽しみになってきた。

「すごいな」と私はつぶやいていた。「もうこの街のとりこになっている」

私はその青年を知らない。以前に会ったこともなければ、今後二度と会うこともないだろう。なのに、私の存在に気づいてさえいないこの青年の何かが、私の琴線に触れた。

彼はその態度で私の心を動かした。**態度は行動を決める。言葉を発しなくても、態度によってあなたを見た人は感化され、同じ行動をとるようになる。**ちょうど、笑う、泣く、あくびをするといった行為が伝染するように、態度も伝染する。

ともかくその姿を見ただけで、私はその青年の態度に感化され、いつの間にかうれしくなってしまったのだ。

非言語コミュニケーションの「ＡＢＣ」

ここで取り上げる「ＡＢＣ」とは、**Attitude〈態度〉、Body Language〈ボディ・ランゲージ〉、Congruence〈自己一致〉、**の頭文字をとったものである。

対面コミュニケーションで相手が真っ先に感じとるのは、あなたの「態度」だ。そして、心のガードだって意図的に解除できたように、あなたが望めば、態度をコントロールすることも可能である。そして、あなたの態度を伝達するカギは、「ボディ・ランゲージ」と「自己一致」なのだ。

あなたの心と身体は一体だ――一方を変えれば、他方もそれに従う。

試しに、子どもがよくやるようなしぐさで、舌を突きだし、両手を頭の横につけて、おどけた様子で指をひらひらさせながら、惨めな気持ちを味わってみよう。できないはずだ。

近所のバーベキュー・パーティでトランポリンをしながら、深刻な気分になってみよう。それもできないはず。身体が許さないのだ。

これは心と身体のつながりを非常にシンプルに表現した例だが、ポイントは理解してもらえただろう。

「好印象を与える態度」を選ぶ

自分で自分の態度を選ぶ――それは誰だってできることだ。
たとえば、職場で二人の知人のもとへ、あなたが近づいていったとする。もう後戻りできない段階になって、この二人が激しい口論の真っ最中だということに気づく。

あなたが「やあ」と声をかける。彼らはあなたのほうを見て、何事もなかったかのように笑顔を見せ、「ブライアント、久しぶりだな」と言うと、しばらくあなたを交えて楽しげにしゃべっている。

あなたが立ち去り、その姿が見えなくなると、彼らはまた口論を始める。このとき彼らは、あなたに気づいた時点でフレンドリーな態度を選び、それに切り替えたのだ。

態度は、2つの部類にはっきりと分かれる。

ひとつは、人を惹きつける**「好印象を与える態度」**。

もうひとつは、誰の役にも立たない**「反感を買う態度」**。

〝臨機応変な〟〝好奇心の強い〟〝歓迎する〟などは「好印象を与える態度」の例だ。

〝退屈した〟〝敵対的な〟〝せっかちな〟というのは「反感を買う態度」の例だ。

73ページの「さまざまな態度」のリストを見てみよう。ビジネスの相手と90秒で良い関係をつくろうと思うなら、好印象を与える態度のなかから、あなたにぴったり合うものを選べばいい。

「好印象を与える態度」に並んでいる言葉に注目してほしい。そのなかから気になった態度をいくつか選び、実践してみよう。目を閉じて、その気分が味わえる具体的な状況を考えてみる。

自分にぴったりくるものが見つかるまでいろいろ試してみるといい。ぴったりくるものが見つかったら、もう一度目を閉じて、そのとき目に浮かんだ情景、聞こえてきた音、感じた気分をできるだけ詳細に再現してみよう（匂いや味を感じられたなら、それも再現してみる）。頭のなかにその〝映像〟を描き、音を聞き、身体で感じた感覚を味わってみるのだ。

次に、30ページにある笑顔のエクササイズ（「すばらしい」と言ってみよう）を実行し、このふたつをうまく組み合わせる。

目を閉じて、もう一度さっきの感覚をすべて膨らませてみる。頭に描いた〝映像〟が拡大し、色づけされ、どんな音がどの方向からやってくるのかがクリアになり、身体で感じた感覚がはっきりとわかったら、大胆に「すばらしい、すばらしい」と叫ぶあなたの声が聞こえてくるだろう。

好印象を与える態度とは、こんなふうに感じるものだ。

さまざまな態度

好印象を与える態度	反感を買う態度
温かい	怒った
熱心な	嫌みを言う
自信にあふれた	せっかちな
支えになる	退屈した
リラックスした	見下した
丁重な	傲慢な
好奇心の強い	悲観的な
臨機応変な	不安そうな
安らぎを与える	無礼な
親切な	疑り深い
愛嬌がある	執念深い
ゆったり構えた	怯えた
辛抱強い	自意識過剰な
歓迎する	敵対的な
陽気な	きまり悪そうな
興味がある	冷笑的な

エクササイズ 2

さまざまな態度を試してみよう

「好印象を与える態度」でいると何もかもが違ってくる。それを実感できるゲームを3つ紹介しよう。

①**ミラー・トーク……**子どもの頃よくやった「○○ごっこ」。社会性や認識力を養ううえでとても有意義なこのゲームは、大人になってからもやってみる価値はあるし、結構うまくやれるものだ。

では、まず鏡の前に立って、「君のせいで気が変になりそうだ」と言ってみよう。続いて、精いっぱいのボディ・ランゲージと、以下のそれぞれの態度にぴったり合った声の調子で、同じフレーズを言ってみよう。

1…怒りながら
2…勇ましく

3…うれしそうに
4…謙虚に
5…穏やかに

同じ言葉なのに、まったく違った意味になるのがわかるだろう。さて、どんな様子が頭に浮かび、どんな声が聞こえ、どんな感じがしただろう?

次は同じように、「もう帰るよ」と言ってみよう。

もう一度、自分が感じたことを確認してみよう。それぞれの態度に合わせて、身体の動きが変わってくるのに気がついただろうか?

他人の前でも自分の態度を調整してみよう。まわりの人たちはあなたの気分を感じとり、同じ気分を味わうようになる。相手に好印象を与えようと思っていても、怒ったり、いらいらしたりしていては意味がない。ほのぼのとした気持ちやワクワク気分でいたほうがずっと効果があるはずだ。

②ボディ・トーク……さきの5つの態度、〝怒りながら〟〝勇ましく〟〝うれしそうに〟〝謙虚に〟〝穏やかに〟を書き留めておくか、できれば覚えておくと便利だ。オフィスの廊下やショッピングセンター、あるいは通りを歩いているときに、ボディ・ランゲージや気分をそれぞれの態度をとることで変えてみる。

まずは〝怒りながら〟。歩くのも、ものを考えるのも、息をするのも、ひとりごとを言うのも、この態度でやってみる。次にしばらくしたら、態度を〝怒りながら〟から〝勇ましく〟にすばやく変える。そして、〝勇ましく〟から〝うれしそうに〟、〝うれしそうに〟から〝謙虚に〟、〝謙虚に〟から〝穏やかに〟と、次々に変えていく。

切り替えのタイミングはなんでもいい。5つの部屋ごとでもいいし、4つの店ごとでも、1区画ごとでもいい。

態度を切り替えると、あなたの姿勢や息づかい、考える内容、顔の表情、心拍数、動く速さ、歩幅などがどう違ってくるかに注目しよう。

また、通り過ぎる人たちの反応にも注目してみるとよい。少しぐらい気持ちが錯乱しても、気にしないで。だけど、警備員が来てあなたを店から追い出すようなら、少々やりすぎかもしれない。

③勝者と敗者……25分間だけ時間を見つけてほしい。最初の5分は、勝者のように振る舞う。胸を張り、誇らしげに、自信に満ちた様子でお腹から呼吸をする――イメージのなかでは、群衆が両側から歓声をあげ、あなたはそれに笑顔で応えている。

次の5分は、敗者のように振る舞う。肩を落とし、惨めな気分で視線を下に向け、自信なげに渋面をつくる。

次の5分はもう一度勝者のように、さらに次の5分は敗者、そして最後は勝者で終わる。

どちらが気に入っただろうか？　このゲームはどちらの気分も味わえる点で有効だが、ビジネス上のつながりをつくろうと思うなら、言うまでもなくつねに勝者として振る舞うべきだ。

成功するリーダーに共通する3つの態度

成功するリーダーに共通している「好印象を与える態度」は、次の3つだ。この3つをうまく組み合わせると、圧倒的な存在感が生まれる。

①**熱意を見せる**……熱意は人を誘い込み、引き寄せ、抑制しがたい衝動を起こさせる。熱意は金で買えない。自分から示すものだ。熱意は人に興奮とエネルギーと元気を与える。英語の〝enthusiasm〟はギリシャ語の「神が宿る」という言葉からきている。

②**好奇心をもつ**……周囲の出来事を貪欲に知ろうとするビジネスパーソンは、つねに発展・前進し、多くの人間関係を築いていく。生まれもった好奇心がいつでもはたらき始めることができるようにしておこう。

③**謙虚でいる……**成功する人たちの多くは自我が強く、自分をうまく売り込む能力に長けている。だが、同時に自分を抑え、謙遜さと他人への奉仕精神に根ざした、公的な顔を見せている。強い自我を謙遜という包装紙でくるめば、魅力的な姿を見せられる。自我を謙遜で和らげなければ、傲慢で醜悪な姿をさらすことになる。

あなたが崇拝する偉大なリーダーを頭に浮かべてみよう。その成功の中心には、この3つの態度があるはずだ。**熱意を見せる、好奇心をもつ、謙虚でいる――どれも意識的に選択できる行為だ。**それらを実践することであなたは、活力にみちて、心が開かれたリーダーに生まれ変わるだろう。

「オープン・ボディ・ランゲージ」で信頼と安心感を示す

ボディ・ランゲージは、次の2種類に分けられる。「オープン・ボディ・ランゲージ」と「クローズド・ボディ・ランゲージ」だ。

オープン・ボディ・ランゲージとは、心臓を相手に向け、相手を喜んで受け入れる意を表す。一方、クローズド・ボディ・ランゲージは、心臓を相手から守り、よそよそしさやときには無関心を表す。

言いかえれば、あなたはつねに「ようこそ、私はいつでもビジネスをするつもりでいますよ」と言っているか、あるいは「むこうへ行け、私はビジネスなんてするつもりはない」と言っているかのどちらかなのだ。

あなたが相手にとって味方か敵か、相手を信じているか不安に感じているか、真実を言っているか嘘があるか、といったことを、あなたは言葉以外で示しているのだ。

私はこの章を「態度」についての説明から始めたが、それはあなたが好印象を与える態度をとっていると、あなたのボディ・ランゲージがその態度を引き受けてくれるからだ。熱意・好奇心・謙虚さをそなえた態度は、オープンな気持ちを示すシグナルを送りだす。

「あなたとビジネスをするつもりでいますよ」「私は敵ではなく友人ですよ」という気持ちを、言葉を使わずに示したいなら、出会ってから数秒のうちに心を開かないといけない。

オープン・ボディ・ランゲージとは、**腕や脚を組まない、ゆったりとした姿勢で相手と向き合う、しっかりとアイコンタクトをとる、笑顔でいる、背筋を伸ばす、身を乗り出す、肩の力を抜く、リラックスした雰囲気でいる、など。**また、オープン・ボディ・ランゲージでは、手、腕、脚が表情豊かに動いている。

相手を拒絶する「クローズド・ボディ・ランゲージ」

ご想像どおり、クローズド・ボディ・ランゲージはその逆だ。**あなたの心臓を相手の心臓からそらし、防御するように腕や脚を組む、あるいは両手を隠す、こぶしを握る、アイコンタクトを避ける、そわそわする、今にも立ち去りそうな気配を見せる**――これらは、不快感、拒絶、懸念といったシグナルを相手に送る。クローズド・ボディ・ランゲージでは、手、腕、脚があまり動かないか、ぎこちない動きをする。

ここでひとつ注意しておくと、ボディ・ランゲージにおいて、個々のしぐさはあまり意味をもたないとしても、複数のしぐさが組み合わさると、その人の感じていることがはっきりと表れるということを知っておこう。

ボディ・ランゲージを同調させる

心が通い合っている人たちは興味深い行動を見せる。無意識のうちに、ボディ・ランゲージや声の特徴を同調させているのだ。

第1章でマルドゥーンが教えてくれたように、あなたのボディ・ランゲージを意図的に相手のボディ・ランゲージと同調させると、驚くほど心が通い合う。同調に対してこのような反応が起きるのは、もともと人には同じ行為を返すという傾向があるからだ。それが人間の脳に組み込まれているのだ。

私は最初の著書でこうした現象に触れたところ、それについてラジオのインタビューで司会者にこんなことを言われた。

「この週末にあなたの本を読みました。日曜の夜、夫と外食することになったので、私はレストランにいる誰かを相手に、あなたの言う同調効果を試してみようと思いました。どんなことが起きるか見てやろうと思ってね。私は何でも疑ってみる性格なんです」

彼女の話はこうだ。3卓ほど離れた席にやや年配の夫婦が座っていた。ご婦人のほうは彼女とほぼ向き合う方向に座っていたが、彼女とご婦人のあいだでアイコンタクトはとれていなかった。

「20分ほど、私はご婦人のボディ・ランゲージや姿勢にそれとなく同調していました。彼女が動くと、私も動く。片方の肘からもう一方の肘へ彼女が体重を移動させると、私もそれにならいました。そのあいだ、私は彼女を直接見つめるようなことはしませんでした。すると、信じられないことが起きたのです。ご婦人が席を立ち、私のほうへやってきたのです。『失礼ですが、どこかでお会いしたことがありますよね』と彼女は言いました。私はなんだか感動してしまいました」

この司会者は、カメレオン・テクニックが誰かの感情や行動に作用し、ひとことも言葉を交わさなくてもつながりができるということを学んだのだ。

ならば、顧客や同僚、友人、あるいは見知らぬ人と対面している場合に、相手とつながりをつくるためのこうした技術をあなたがフルに活用したなら、どれほど効果的かは言うまでもない。

エクササイズ 3

相手のボディ・ランゲージに同調してみよう

1日だけ、あなたが出会った人のボディ・ランゲージに同調してみよう。これは信頼とコミュニケーションを築くもっとも手っ取り早い手段だ。だが、あまりやりすぎてはいけない。相手に合わせる程度でかまわない。

私たちは友人や信頼する人たちの声のトーンやボディ・ランゲージには自然に同調している。だから、あなたが選んだ人にもできるはずだ。

同調が上手にできるようになったら（1日あれば熟練するはずだ）、30秒ほど同調して、次の30秒は同調をやめ、次にまた同調する。このサイクルを2、3回繰り返してみよう。

違いに注目してほしい。信頼が消えたと思ったとき、まるで高い壁が立ちはだかったかのように感じなかっただろうか？　では、もう一度同調して、信頼が戻ったことに安心するといい。

声の特徴を同調させる

これまでお話ししたように、ただボディ・ランゲージを同調させるだけでも、相手とつながりをもったり相手を説得したりするうえで、大きな効果をもたらす。それはこんなメッセージが送られているからだ。

「私はあなたと一緒にいるよ。同じ考えをもっているよ」

ではさらに進んで、今度は声の特徴を同調させてみよう。相手の声に同調すると、相手と対面している状況だけでなく、たとえば電話で話している場合のように声を聞くことしかできない状況でも、無意識のうちに親近感が湧いてくる。

相手のムードやエネルギー、話すペースに合わせてみよう。こうした声の特徴は、話すスピード、声の高さやトーン、声量からくるものだ。

エクササイズ
4

相手の声に合わせてみよう

1日だけ、あなたが出会った人の声の大きさや高さ、トーン、話すスピードに合わせてみよう。だが、あまりやりすぎてはいけない。少し相手に合わせる程度でかまわない。

端的に言ってしまうと、早口の人にとって、話すのが遅い人ほどいらつくものはない。静かに話す人にとって、大きな怒鳴り声ほど心を乱すものはない。誰とでも愛想よく話す人にとって、不機嫌そうにわめく声ほど頭にくるものはない。

もうおわかりだろう。あなたが誰かのボディ・ランゲージや声のトーンに同調すると、相手の感情があなたに移ってくる。つまり、相手と同じ感じ方をするようになるわけだ。

見た目、声のトーン、言葉の〝一致〟が説得力を生む

あなたのボディ・ランゲージ、声のトーン、そして言葉がすべて同じメッセージを伝えているなら、あなたの態度は完璧だといえる。つまり、〝自己一致〟の状態だ。その態度に、あなたが信用できる人間であることがあらわれているのだ。

知り合いに近づいて、「今日は最高の日だ」と言いながら、まるで「最低の日だ」と言わんばかりに頭を振ったらどうだろう。相手はあなたの言葉を信じてくれないはずだ。同じ言葉を怒った声で言ってみよう。相手はあなたの言葉を信じるだろうか？　もちろん信じない。声のトーンはあなたの本当の感情を伝えてしまうからだ。

1967年、カリフォルニア大学ロサンゼルス校のアルバート・メラビアン博士が「不一致コミュニケーションの解読」と題する論文を発表した。博士はこの論文のなかで、人と人とが直接顔を合わせる対面コミュニケーションにおいて、聴き手は主に何に反応するかについて報告している。

結果は、見た目に反応する割合が55％、聴覚からの情報が38％、実際に話された言葉が7％だった。

つまり、対面コミュニケーションにおいて、人はまず自分が見たもの（しぐさやボディ・ランゲージ）を信用し、次に声のトーン、そして最後に言葉を信用するということになる。

この3つのV――見た目（Visual）、声のトーン（Vocal）、言葉（Verbal）――が同じメッセージを伝えていることを自己一致しているという。これはもっとも説得力のある態度だ。

先日、私はナショナル・メディア・コーポレーションに赴き、会議室で数人の上級管理者を対象に一対一の集中コーチングを行った。製作担当副社長のテリーは、テーブルをはさんで私と向き合い、こう言った。

「人と信頼関係を築くためのセオリーはすべてわかっているつもりです。だけど実際にはうまくいかないんですよ」テリーはすかさず言い添えた。

「まわりの人間は私の話を聞いてくれますが、確固たる人間関係が築けないんです」

私には、この最初の数秒間のうちに、テリーの問題点、少なくともその大部分が、彼の様子から読みとれた。

テリーは会議用のテーブルに両肘をつき、祈りでも捧げるかのように両手を合わせ、話しながら唇を指先でトントンと叩いていた。彼は考えをめぐらせ、言葉を探すように視線をあちこち動かしながら、とぎれとぎれに声を出した。

そのボディ・ランゲージから、いらだちやもどかしさが伝わってきた。私の身体がテリーの気分を感じとり、私も同じ気分になってきた。


彼はどんなときでも「いらいらしている」というシグナルを人に送っているのだ。その結果、彼に意見を求めにくる人間は必ず「お時間はとらせません」「すぐに終わりますので……」といったフレーズを言い添える。

そしておかしなことに、まわりの人々はテリーのいらついた態度を感じが悪いと受け取っているのに、テリー自身は熱意や活力を発揮しているつもりだったのだ。

テリーは自己一致ができていなかった。彼は交錯したメッセージを送っていたのだ。彼の人とつながる能力、前向きな気持ちから出たメッセージを送る能力は危ういもので、それとともに昇進のチャンスも危うくなっていた。

幸いなことに、彼の問題は容易に解決できるものだった。

まず、彼の呼吸を胸式から腹式に変えさせた。普段の不安げで落ちつかない呼吸から、武道家やプロの講演者・音楽家が行う、意識を自分に向けてリラックスするタイプの呼吸へと（275ページで練習しよう）。

次は声のトーンの調整だ。私は次の4つの態度——怒り、驚き、不安、穏やか——と、次の4つのフレーズを彼に示した。「われわれは行動を起こすべきだ」「腹が減った」「先週のブリーフィングはどうだった？」「8月14日」（その日の日付だ！）。

私は彼に、4つのうちのいずれかの態度で、どれかひとつのフレーズを言ってみてくれと指示した。彼がどの態度を選んだかを、私が当てるのだ。

最初のうち、私は間違い続けた。テリーが驚いたように言った言葉が、私には怒っているように聞こえた。彼が穏やかに言ったつもりの言葉が、私には不安げに聞こえた。

続いて私たちは役割を交替した。面白いことに、テリーは私の態度をぴたりと読みとった。さらにもう一度やっても、彼はうまく言い当てた。

そこで私は、彼に呼吸をしずめて少しのあいだ目を閉じ、自分の呼吸に意識を集中させ、自分が表現しようとした気分を実際に感じたときのことを思い出し、もう一度フレーズを言ってみてくれと言った。

ＯＫ！　うまくいった。今までテリーのビジネス・パーソナリティが、感情の発露を封じていたのだ。テリーの呼吸が穏やかになるにつれ、彼の声は本当の感情を表すようになった。

説得力のある人間になろうと思ったら、まずは信頼できる人だと相手に思ってもらうことだ。自己一致ができていなければ、言葉どおりのことを言っているように見えないために、相手に警戒心を抱かせてしまう。自己一致のスキルを身につけると、テリーにとって人間関係のトラブルは過去のものになってしまった。

あなたの言葉とボディ・ランゲージが同じメッセージを伝えていなければ、相手は混乱し、あなたへの興味を失ってしまうのだ。

フィードバックを適切に与え、受けとめる

テリーが抱えていた問題の核にあったのは、フィードバックを与えたり、受け取ったりする回路が切断されていたことだ。他人からのフィードバックは、重要な生体リズム、感情のバランス、健康、精神の健全さなどにも大きく関わっている。他人からのフィードバックがなければ、人は生きていけない。

一人でテニスをしている姿を想像してみよう。あなたの打ったボールがネットを超えても、それが戻ってこなかったら、また別のボールを打たなくてはいけない。そしてまた次のボール。すぐに嫌になってしまうはずだ。

つながりとは双方向のシステムで、関わった者どうしが互いに相手をその気にさせる。あなたが興味をもっているような行動をとれば、私はあなたが興味をもってくれたのだと思う。あなたが何の反応も示さなければ、私はあなたが興味をもってくれなかったのだとみなし、その場を離れたくなる。

だから、ボディ・ランゲージや顔の表情を使って、あなたが相手に興味をもっていることをきちんと示そう。身を乗りだす、身体を横に傾ける、椅子に浅く腰掛ける、笑顔を見せる、ときに顔をしかめる、肩をすくめる、両手を投げ出す、うなずく、声をたてて笑う、泣く……とにかく、反応を示すこと！

上司や同僚あるいはクライアントと話すとき、きちんとフィードバックを送ろう。「上司がフィードバックしてくれない」それは私がつねづね耳にする不満のひとつだ。

誰かがフィードバックを与えているとき、そのやり方を観察してみよう。とくにあなたが尊敬している人を観察してみよう。あるいは、逆効果を招く（関係を壊してしまうような）フィードバックとはどんなものか。

私のセミナーでは、出席者が用紙に記入をする際、終わったら言葉を使わないで私にそれを知らせるようお願いしている。さらに、私がそのメッセージを受け取ったことを確認することも。

その場にいたら、きっとそのバリエーションの多さに驚くだろう。両手を振る、ウインクをする、メガネの位置をずらす、鼻をこする、にっこり笑ってうなずく、ほとんどわからない程度に目を細める、などなど。

フィードバックを上手に送れば、相手はあなたが注意を向けてくれていると感じ、自分が伝えた内容に影響力があったと考える。

もっと大きな視点で見ると、生活のすべてがフィードバックに関わっている。あらゆる行為がフィードバック・ループであり、何らかの刺激に対する反応なのだ。**自分が何を望んでいるかを自覚し、行動を起こし、フィードバックを受け取り、それによって望む結果が出るまで行動を変えていく。こうして人は発展し前進する。**フィードバックの扱いがうまくなれば、それだけ質の高い生活を送ることができる。

ビジネスの場であれプライベートライフであれ、人とつながりをもとうとするとき、あなたが目指すのは相手のスペースから排除されずに、快くそのなかに迎え入れてもらうことだ。

自分の態度をうまく調節し、心を開き、ボディ・ランゲージを同調させ、自己一致をし、フィードバックを上手に与えたり受け取ったりすることで、逃げるか闘うかという相手の生存本能をしずめることができるのだ。

エクササイズ 5

フィードバックの練習をしよう

誰かと会話をしているとき、あるいは会議に出席しているとき、あなたは自分が話を理解したということや、それに賛成か反対かをボディ・ランゲージ（うなずく、ほほえむなど）だけで伝えることも、言葉（「賛成」「反対」「確かに」など）だけで伝えることも、その両方で伝えることもできる。

まず数分間フィードバックを与えた後それをやめる。言葉によらないフィードバックを与える。言葉だけを使ったフィードバックを与える。その両方を使ったフィードバックを与えてみる。そして、フィードバックをやめる。どの程度の動きでフィードバックを与えられるかチェックしてみよう。

第4章

好感をもたれる
“脳の言葉”を使おう

まず、私が最近乗った飛行機のパイロットの挨拶を紹介しよう。

「みなさま、本日はご搭乗いただきまして誠にありがとうございます。これより当機は一路ロンドンに向かいます。この先、悪天候は予測されておらず、気流の急激な変化による機体の揺れも起こらないものと思われます。すべてが予定どおりに進みましたら、ロンドンに定刻に到着するにあたってなんの支障もありません」

なんてことだ！　突如として、飛行機に乗る際に感じるありとあらゆる不安が一気に押し寄せてきた。

ここまでは本当にすばらしい1日だった――空港までの順調な移動、チェックイン・スタッフの丁寧な対応、心地よいシート。

なのにたった今、機長は飛行機の乗客がつねに抱く最悪の恐怖――機体の揺れ、悪天候、定刻の到着を妨げる支障――を並べ立てたのだ。

機長は乗客とのコミュニケーションに失敗した。**それは、彼が肯定的な言葉を使わず、彼が本当に言いたかったことを伝えられなかったからだ。**

彼が言いたかったのは、こういうことだ。

「みなさま、どうぞゆっくりおくつろぎください。当機は順調に飛行し、定刻どおりに目的地に到着するものと思われます」

実際そのとおりになったのに、肯定的な言葉で話さなかったために、機長は乗客の脳裏にネガティブな暗示をたくさん植えつけたのだ。

90秒で相手とコミュニケーションをとる際も、このように言葉の使い方を注意する必要がある。正しい心構えで臨みさえすれば、想像をはるかに超える結果が得られる。本章ではそのことを説明していこう。

脳が処理できるのは肯定的な情報だけ

「牛乳は冷蔵庫のどこに入っていますか？」……そう尋ねられたら、あなたはきっと答えられるだろう。では、あなたは牛乳がどこに入っているかをどうやって知ったのだろうか？

プロセスはこうだ。あなたの心の目には一瞬のうちに冷蔵庫のなかの様子が映しだされ、牛乳のありかがわかる。みごとだ。

「ローリングストーンズの曲であなたのお気に入りは何ですか？（もちろん、あなたの好きなほかのバンドでもいい）」……答えは見つかっただろうか？　それはどうやって見つけたのだろうか？　あなたは頭のなかで曲を再生し、確かめたのだ。

「砂はどういう感触ですか？」……この場合も同じだ。頭のなかにある感覚についての情報を引っぱり出し、自分の経験と照らし合わせてみる。

これがいわゆる〝脳の言葉〟——映像、音、感覚——だ。話している言葉は、感覚から得られる情報よりあとから入ってくる。

さて、ここで考えてみてほしい。**何かをしていないところをイメージできるだろうか？　何かを感じないということはできる？　何かを見ないということは？　そんなことはできないはずだ。**脳は否定的な映像や音や感覚を処理できないからだ。

犬に餌をやっていないところを思い浮かべることはできるだろうか？　できないだろう。そうしろと言われたら、あなたは何か別のことをやっているところを思い浮かべることになる——たとえば、犬と散歩をしているところ、犬と一緒にバンジージャンプをしているところ。これらはすべて、犬に餌をやっていないところなのだ。

このように、脳が扱うことができるのは肯定的な情報だけだ。脳はこの肯定的な情報を五感の経験から得て、その後、想像力（イマジネーション）によってうまく処理するのだ。

肯定的な言葉を使う

最近、オフィス用に新しいパソコンを購入した。私がインストラクターの女性に礼を言うと、「たいしたことではありません」という言葉が返ってきた。

〝たいしたこと〟？　「たいしたこと」って何だ？　私は今の今まで「たいしたこと」かどうかなんて考えたこともなかったのに。では、ほかのパターンならどうだろう。

「今日はいろいろとありがとう」

「お役に立てて光栄です」

〝光栄です〟。そうだ、こちらのほうがずっと気分がいい。いつだって、「たいしたこと」よりは「光栄」であってほしい、たとえ無意識であっても——そもそも、大半の言葉は無意識のうちに処理される。

あるいは人と出会ったときに、「最近は問題なくやってるかい？」と言われるのと、「君に会えてうれしいよ」と言われるのではどちらがいいだろうか？

あなたが選んだ言葉に埋もれたメッセージを意識しよう。

誰かにお礼を言われたら、「たいしたことではありません」と言うより、「こちらこそ光栄です」「喜んで」と返そう。

たとえば、飼っている犬に「ジャンプ」と言ったらジャンプするようにしつけているとする。声のトーンを変えずに「ジャンプするな」と言ったら、犬はどうするだろう？　そう、犬はジャンプする。言葉をきちんと理解できる人間でさえ、同じトーンで言われたら、とっさにジャンプすることを考えてしまう。つまり、「〜するな」といった打ち消しは、じつのところ脳に登録されていないのである。

だから、娘に「部屋を散らかすな」と言ったところで、それは期待できないのだ。

私は先日、あるリゾート会場で基調演説を行ったのだが、その会場には曲線を描いたプールが設けられていた。最初の歓迎スピーチのなかで、私を招待してくれた協会の会長が参列者にちょっとしたジョークを言った。

「みなさま、どうかプールに落ちないでください」。お察しのとおり、参列者の頭にはプールに落ちる映像が浮かび、一瞬彼らの目がどんよりと曇った。

私たちは、たとえば「この取引をぶち壊しにしたくない」といった言葉を口にしながら、自らぶち壊してしまうことがある。また、多くの人が手紙の最後に、「ご不明の点がございましたら、遠慮なくご連絡ください」と書いているが、それも同様だ。

このように、日頃からあなた自身が選んで使っている言葉が、知らず知らずのうちに、クライアントや同僚、患者、生徒などにネガティブな暗示を植えつけているのだ。

次のような文章をあなたが口にしたとき、クライアントや上司、あるいはスタッフの頭にどんな考えが呼び起こされているかを考えてみよう。あなたは肯定的なメッセージと否定的なメッセージを見分けることができるだろうか？

●株価の下落を心配するな
●何も問題はない
●長期的な投資をしなさい
●パニックに陥るな
●われわれは無謀なことなどしない
●わからないことがあればいつでも電話してくれ
●われわれは万全の手を打った
●こんなことに少しもめげちゃいないよ
●君が負けるなんてことはありえない
●こちらこそ光栄です

ここで、KFCの〝K〟（自分が望んでいるものは何かを自覚する――肯定的な表現で）がふたたび効力を発揮する。

ビジネスでは、自分がどのように言葉を使っているかを意識しておくべきだ。そして、**スタッフにもそれを意識させる。肯定的な表現で考え、肯定的な言葉を口にすることを習慣にしよう。**

ポジティブな説明スタイルを身につける

人間の脳は五感によって与えられた情報や経験を処理するわけだから、言葉は感覚がかたちを変えたものだといえる。おおざっぱにいうと、私たちが日常的に行っているのは6つのことだけだ。

その6つのうち5つは感覚と関係する。見る、聞く、触る、味わう、においを嗅ぐ。あとひとつは何だろう？　言葉を扱うことだ。私たちは自分の経験を言葉に変えて、ほかの人たちに伝えているのだ。

この世の中で私たちは毎日、感覚を通じてさまざまな経験をしている。そして、その経験をまず自分自身に説明し、そしてほかの人に説明する。まず言葉で考え（心のなかで語り）、それから外の世界に語りかけ、自分の経験を説明している。

私たちは自分の経験を説明するという行為に、人生の途方もなく多くの部分を費やしている。説明というのは難しい作業で、ほぼすべての人が決まりきったやり方で経験を説明するというパターンにはまってしまうのだ。

誰しも説明のスタイルをもっている。自分の経験を自分自身や他人に説明する際に、肯定的な表現を使う人もいれば、ネガティブな視点から説明しがちな人もいる。

ポジティブな説明スタイルをもっていると、熱心で楽観的な人だとみなされ、チャンスを見きわめるのがうまくなる。ネガティブな説明スタイルをもっていると、よくても問題を見つけだすのがうまい人と思われ、悪くすると何から何まで悲観的に見る人と思われる。こうした説明のスタイルがあなたの態度に影響し、すでにご存じのように、態度は人に伝染する。

ここで希望のもてる話をしよう。**説明のスタイルはあなた自身で選ぶことができる。よって、望ましい態度を身につけることもできる。**それがうまくいけば、相手があなたの話にどう感じるか、さらにはあなたに対してどういう感情を抱くかは、あなたの手のなかにあるというわけだ。

まとめるとこうなる。あなたの経験が言葉になるとき、あなたの言葉は行動になり、行動は習慣になる。さらに習慣は人格をつくり、人格は運命を導く。

何かをしたいときは、その理由を伝える

人は元来、どうしてそうなるのかという理由を説明したがるものだ。それには、〝原因と結果〟を述べるのが一番だ。

そしてそのカギは、あるシンプルな単語――最強のコネクターといってもいい――の使い方にある。それは「なぜ」だ。

子どもはそれをよく知っている。子どもは質問が抜群にうまい。子どもの頭のなかには、「なぜ」と尋ねるという機能があらかじめプログラムされているのではないか。

「なぜここにいるの？」「あの人はなぜ鼻にあんなものつけてるの？」「なぜそんなにスピードを出して運転するの？」。それは天性の好奇心なのだ。

私たちは、論理、推論、比較、そしてフィードバックの処理を通して、人類としての進化を遂げる。そして好奇心——「なぜ」と問う本能——は、この進化のプロセスにおいて重大な要素だ。

〝原因だけ〟あるいは〝結果だけ〟よりも、〝原因と結果〟をセットにして情報を処理したほうが、脳はより満足度が高いと気づいたことはないだろうか？なぜなら——。

もうピンと来ただろう。前の段落を「なぜなら」の前で終わらせてもよかった。なのに、あえて「なぜなら」という言葉を出したのは、それがより満足度の高い、あなたの天性の好奇心を論理的に満たしてくれる何かに導いてくれるから。そしてその言葉が、原因と結果による完璧な説明が待っているという期待をもたせてくれるからだ。

ビジネスの場で（ほかの場面でも）人とつながりたいときに、このやり方を取り入れることができる。

「私は○○をしたい。なぜなら××だからです」というように、あなたが何かをした

いと伝える際に、その理由を示せば、相手がそれに応じてくれる可能性が高まるのだ。

ハーバード大学の社会心理学者エレン・ランガーは、適切な刺激を与えられると、人は何も考えないで無意識のうちに反応するという研究のなかで、これを実証した。実験はこんな具合に行われた。混雑した図書館で、コピーを待つ人の列に被験者が近づいていき、「すみません、5ページコピーしたいのですが、とても急いでいるので先に使わせていただけませんか?」と頼んだ。この要求は94%の承諾率を得た。

次に、同じ機械の前に並んでいる別のグループに近づき、「すみません、5ページコピーしたいのですが、先に使わせていただけませんか?」と頼んでみた。この場合の成功率は60%だった。

ここで驚くのはまだ早い。しばらくして、またコピーの列に近づいて、今度は「すみません、5ページあるのですが、コピーしなければならないので先に使わせていただけませんか?」と頼んだ。承諾率はまたもや93%まで跳ね上がった!

無意識の反応は、理由に左右される。あるいは少なくとも理由らしきものに左右される。人は決定を下し、自分の行動を正当化するために、理由を必要とする。ランガーの実験では理由が本来理由といえるものではなく、理由のように聞こえるだけの場合でも、よい反応を引き出すには充分であることを示している。

「（なぜなら）……ので」という言葉はたいていそのあとに何らかの情報がついてくるもので、大半の人にとってそれが行動を起こすきっかけになってきた。そのため「（なぜなら）……ので」という言葉は、パターン化された反応――この場合であれば、「いいですよ」と承諾する――を引き起こすには充分な、強いパワーをもっているのだ。

具体的な情報がなくても、そんなことはかまわない。それは握手と同じだ。誰かがあなたに右手を差し出したら、あなたは何も考えずに右手を差し出すだろう。

たとえばあなたがQ社とビジネス関係をもちたいと思っているなら、その会社の重要な人物と出会った場合に、たんに「お会いできて光栄です」と言う挨拶にとどめず、「御社の先駆的なプロジェクトXYZについていろいろと資料を読んでいたものですから」と付け加えればうまくいく可能性がグッと高まるのだ。

第5章

相手の感覚に合わせよう

心理学者で精神科医のカール・ユングは、患者が自分の経験を他人に伝えようとするとき、その方法にはさまざまなタイプがあることに気づいた。目に映ったものを表現する者もいれば、何が聞こえたかを話す者、どんなふうに感じたかを伝える者もいた。

1970年代半ばのことになるが、私はマイアミでクルージングを企画する旅行代理店の新しい広告キャンペーン用写真撮影の打ち合わせをしていた。そのとき代理店の人間がこんなことを言った。

「バカンスでは誰もがおいしい料理と新鮮な空気を求める。それは確かにそうなんです。けれど、人にはそれぞれ優位感覚（利き感覚）があるということが当社の調査でわかりました。バカンスを過ごすならまず何よりも美しい景色を楽しみたいというお客さまもいれば、快適な場所でアクティビティを楽しみたいというお客さまもいらっしゃる。あるいは静かで平穏な場所を求めるお客さまもおられる。

3つの要素ともプランを決定する材料として重要なことには違いないのですが、最終的な判断は個人個人の優位感覚を満足させられるかどうかにかかっているのです」

宣伝用の写真は3つのグループ、つまり視覚優先タイプ、身体感覚優先タイプ、聴覚優先タイプのいずれにもアピールするものにしてほしいとの依頼だった。

ユングが聞いたらさぞかしご満悦のことだろう。この旅行代理店の話は、人とのつながりをもつうえですべての人に当てはまる真理をついている。

つまり、人はそれぞれ好みの感覚を通して世界を知ろうとする。**だから、誰かを説得しようと思ったら、相手の好みの感覚を知る必要があるのだ。**

相手のコミュニケーションスタイルに合わせて話す

人は13歳ぐらいになると、世界を解釈する方法として、3つの主要感覚（視覚、聴覚、触覚）のうちひとつが優位に立つようになる。

もちろん、人間はすべての感覚を使っているのだが、視覚を主に使う人、聴覚を重視する人、主に身体感覚（触覚、肉体的な感覚）に頼る人に分かれるようになる。必然的にその人にとってとくに優れた感覚が、自分自身や他人とコミュニケーションをはかる際にもっともよく使われることになる。

ある調査では、全体の55%の人が視覚優位、30%が身体感覚優位、残りの15%が聴覚優位であるという結果が出ている。ほかに、それぞれの感覚優位の比率を40%、40%、20%とする調査結果もある。


はっきりしているのは、コミュニケーションをとる際に、自分のコミュニケーションスタイルを相手のスタイルに合わせることがもっとも効果的な方法だということだ。

つまり、映像でものを考える相手には、それがどんなふうに見えるかを伝えるようにする。音にこだわる相手なら、どんなふうに聞こえるかを伝える。身体感覚を重視する相手なら、どんなふうに感じるかを伝えればよい。

たとえば私が旅行会社の社員で、客が「バカンスに行きたいんです」と言ったとする。この客がたとえば身体感覚優位の人だとわかれば、

「さらさらの砂浜に暖かい海、心地よいベッドが用意された場所はいかがですか?」

と提案するだろう。つまり、どんな感じがするかを相手に伝える。それは、どう感じ

るかが客の判断材料になっているからだ（もちろん、無意識の判断だ）。

相手が聴覚優位だと判断したら、「波の音とカモメの鳴き声が聞こえる場所はいかがですか？　都会の喧噪を忘れられる場所ですよ」と提案する。相手が視覚優位だと思ったら、その場所の写真を見せて、「まずはこれを見てください」と言うだろう。

つまり、相手をその気にさせたい、納得させたい場合には、映像、あるいは身体感覚、あるいは音に基づいたメッセージを伝えるといいということだ。

あなたの相手は視覚タイプ？　聴覚タイプ？　それとも身体感覚タイプ？

ここで、あなたはきっとこんな疑問を抱くだろう。

「そうはいっても、相手がドアから入ってきた瞬間に、どの方法で相手の心をつかむべきかをどうやって判断するんだ？」

安心してほしい。会った瞬間に、ヒントとなるポイントをチェックすればいいだけだ。

「視覚優位の人（視覚タイプ）」は、ものの見え方について話す傾向が強い。このタイプは高い声、早口、いきなり要点に入るという特徴がある。なぜなら、このタイプの人は、自分の頭のなかにある情景を相手もすぐに頭に描けると思っているからだ。自分が判断を下す前に相手の主張の根拠を頭に描こうとする。

また、このタイプは肺の上部で早い呼吸をする。印象的なファッションを好み、背筋をまっすぐ伸ばしていることが多い。話をする際は、聞き手とアイコンタクトをとりたがる。取り散らかっている状態を嫌う。

視覚タイプは何でも実際に見えているかのような話し方をする。たとえば**「可能性が見えているのだから、将来に目を向けようよ」「私の視点で申し上げると、ゴールはもう目の前だと思います。私の言っていることがイメージできますか？」**といったように。

一般に、人は頭に映像を浮かべようとすると、視線をやや上に向けて左右に動かすものだ（どんな色のシャツがお好みですかと尋ねられたら、あなたの視線はどこを向く？）。

このタイプは、空中に絵を描くように上向きや外向きのしぐさをすることが多い。

「聴覚優位の人（聴覚タイプ）」は、ものの聞こえ方について話す傾向が強い。このタイプは話が上手で説得力がある。そして、なめらかで人を惹きつけるような声で話す。大胆な発想をする人も多い。視覚タイプにくらべると、やや話し方がゆっくりで、肺の下部から安定した呼吸をする。

聴覚タイプの人は、着こなしについて一家言もった人が多い。このタイプの人は、人の話を聞くとき、頭を軽く一方向に向けることがある。実際には、耳を相手のほうに向け、目の焦点をはずして相手の声に集中する。耳障りな音や声、騒音を嫌う。

会話のなかにやたらと〝音〟に関係する言葉が出てきたら――**「彼の声は耳障りだ」「彼の話を聞いたとき、心の鐘が鳴った」「私はただ自分の意見を声にしただけ」「彼女はすばらしい演説をして、割れんばかりの喝采を浴びた」**――おそらくその人は聴覚タイプだ。

一般に、聴覚タイプの人は音を聴くとき顔を横に向ける（音のする方向に耳を向ける）。聴覚タイプは話をするとき顔を横に向けることが多く、頭のなかのファイルから音を再生するのに集中するため、視線をそらそうとする。このタイプの人のしぐさは言葉のリズムに合わせることが多く、ときどき話しながら口や顎、耳を叩くこともある。

「身体感覚優位の人（身体感覚タイプ）」は、何かについてどう感じたかを話す傾向が強い。

直観的で情にもろく、おおらかな人が多い。慎重で控えめな場合もある。大柄か、たくましい体格ならば、おそらくこのタイプの人だろう。

身体感覚タイプは比較的見分けやすい。実際に触れたり体感することに満足感を覚え、何ごとにも積極的に関わろうとする。ファッションは着心地のよさを重視し、肌触りにこだわる。またデザインや流行よりも機能性を重視する。

身体感覚タイプは、ゆっくり話したり、細かいことをいちいち差し挟んできたりする。「そんなこと10分前にはわかってたよ！」と視覚タイプや聴覚タイプの人ならつい金切り声をあげてしまうような相手だ。声は低く、話すスピードは遅い。そして、何かと細かいことにこだわる。

身体感覚タイプは、身体の一部に関する表現や感覚的な表現を好んで用いる。たとえば**「いっちょ腕だめしといくか」「難題が転がっているが、片っぱしから片づけていこう」「混乱を一手に引き受けるよ」「具体的な話がつかめたら、彼女に連絡をつけて手ほどきしてやるんだが」「みんな、気持ちを静めて冷静に、少し落ち着こう」**という具合だ。

一般に、このタイプが感情や情報を扱う場合には、うつむきかげんでやや右を向く傾向がある。腹の底から規則的な呼吸をする。動作は遅く、手や腕を体の前で組むことが多い。

これらを参考に、相手がどの感覚タイプかがわかったら、相手がすぐに乗ってきそうな言葉で話をしよう。つながりができるのも時間の問題だ。相手の心に響きやすい言葉を使えば、あなたのメッセージはすぐさま相手に伝わるはずだ。

目の動きに注目すれば「相手が今何をしようとしているか」がわかる

目の動きは、相手のものの考え方を知る貴重なヒントになる。

前の項でお話ししたとおり、**視覚タイプはやや上を向く傾向があり、聴覚タイプは横を、身体感覚タイプはやや下を向く傾向がある。**それは、自分が何かを表現する場合だけでなく、情報を解読したり頭にしまい込んだりする場合にも、特定の感覚を主に使おうとするからだ。

たとえば「ローリングストーンズのコンサートはどうだった？」と尋ねたら、視覚タイプはまず会場の光景やメンバーの姿を思い出し、聴覚タイプはバンドの奏でる音楽を思い出し、身体感覚タイプはコンサートをどんなふうに感じたかを思い出す。

また、目の動きは、相手がどのタイプであるかだけでなく、相手が今何をしようとしているかも教えてくれる。

人が上を向いたり、右を向いたりするのは、考えを組み立て、返事を考えている場合が多い。下を向いたり、左を向いたりするのは、何かを思い出している場合に多い。

第６章

自分と相手のパーソナリティタイプを知ろう

相手の本能的な部分とうまくつながることができ、相手が安心してあなたを信頼する気になってくれたら、次は第2段階へと移ろう。あなたの世界と相手の世界をつなぐ段階だ。そのために知っておきたい3つの要素がある。

①それぞれのパーソナリティに応じた人とのつながり方と反応のしかた
②あなたの仕事の本質とあなたの役割
③あなたが貢献しその見返りとして報酬を受ける世界で、あなたのパーソナリティや能力を最大限に示すための外見のつくり方

第6〜8章では、これらについて説明していきたい。

ビジネスとはアイデアを誰かに伝えることである。つまり、あるパーソナリティから別のパーソナリティへ伝えるわけだ。6章でさまざまなパーソナリティタイプ（あなた自身も含めて）の見分け方や、それぞれのパーソナリティをやる気にさせる方法をマスターすれば、あなたのメッセージがもっとも効果的な方法で相手に伝わるはずだ。

第7章では、あなたをやる気にさせるものは何かを見きわめ、それを仕事に結びつける

方法をお話しする。それをマスターすれば、自分の仕事を簡潔に説明することができ、あなたが進む道筋が明確になって、成功へと続く軌道に乗りつづけることができるだろう。

第8章では、あなたの外見を、権威と親しみやすさのバランスがとれ、うまくあなたのパーソナリティを映しだすものにする方法をお話しする。あなた自身が満足感を得ながら、競争力を身につけることのできるファッションスタイルが、きっと見つかるはずだ。

ビジネスの本質は、アイデアを人々に送り届けること

あらゆるビジネスの本質は、すばらしいアイデアを市場に出すことにある。すばらしいアイデアを取り込み、それをビッグアイデアに変えて、人々に送り届けるのだ。

1762年、第4代サンドウィッチ伯ジョン・モンタギューはすばらしいアイデアを思いついた。賭博好きである彼は、賭博台を離れる時間を惜しみ、腹が減ると使用人に「2切れのパンに薄切りにした肉を挟んで持ってこい」と命じたのだ。こうしてサンドウィッチは誕生した。

ヘンリー・ハインツは、トマトケチャップを瓶詰めにして販売するというすばらしいア

イデアを生みだした。リーバイ・ストラウスは、テントに使われるキャンパス生地でズボンを作るというすばらしいアイデアを編みだした。ビル・ゲイツはすばらしいアイデアをもとに、すべてのデスクにコンピュータを置いた。ジョン・キンバリーとチャールズ・クラークは、コールドクリームを拭きとるための柔らかいティッシュペーパーというすばらしいアイデアを世に出した。

今、リーバイスのジーンズをはいてウィンドウズを起ち上げながらチーズサンドイッチを食べ、指についたケチャップをクリネックスティッシュで拭き取っている人もいるだろう。これらのすばらしいアイデアはビッグアイデアとして、数多くの人々のために仕事を生みだし、発案者に巨万の富をもたらした。そしてそれは、発案者たる夢想家を支える、多数の実行家のおかげで現実のものとなったのだ。

4つのビジネス・パーソナリティ――夢想家、分析家、説得者、管理者

コアビジネスモデルには、①夢想する（アイデアを考える）、②分析する、③説得する、

④管理する、という4つのプロセスがある。したがって、ビジネスがつねに求めているのは、次の4つのタイプのパーソナリティだ。

①アイデアを生みだす**「夢想家タイプ」**
②アイデアの実現性を確認する**「分析家タイプ」**
③アイデアを人に認めさせる**「説得者タイプ」**
④アイデアの実現に向けて事が進んでいることを確認する**「管理者タイプ」**

成功した起業家の多くはこのうちいくつかの特性あるいはすべての特性をそなえているものだが、そうでない人はこうした特性をそろえるためのパートナーを必要とする。

そして、人はたいてい自分のパーソナリティにふさわしい仕事を選ぶものだ。自己主張は強くないが、ものごとをさまざまな角度から見ることのできる人（①夢想家タイプ）は創造的な仕事に向いているし、プロセス指向で慎重な人（②分析家タイプ）は技術者としてその才能を発揮することが多い。外向的で社交好きな人（③説得者タイプ）は営業職などで成功しやすく、生まれつき自己主張が強く率直にものを言う人（④管理者タイプ）は、ほかの人たちを管理するのがうまい。
分析家タイプや管理者タイプは論理的手順やガイドラインにしたがうことに安心感を覚え、夢想家タイプや説得者タイプは心の動きや自由な裁量によって、最高の力を発揮する。分析家タイプや夢想家タイプがやや控えめで内省的なのに対し、管理者タイプや説得者タイプは外向的で何ごともはっきりと主張する。

では4つのタイプを見分けるポイントは何だろうか？

①夢想家タイプは何もないところから選択肢やアイデアを引っぱり出し、それを明確なものにしていく。このタイプはなかなかあきらめない。何度も何度もトライする。このタイプとビジネス上のつながりをもとうと思うなら、自由な発想を生みだす余地を与え、パーソナル・スペースを尊重することが大切だ。

②分析家タイプは強力な機動力によって的確に問題を処理し、申し分のない形で仕事を仕上げる。このタイプの強みは、細部重視と批判的な思考からくるものだ。このタイプとつながりをもとうと思うなら、細部に注意を向け、何ごともきちんと整理し、事実関係を

大事にするとよい。

③**説得者タイプは人を楽しませながら、上手に相手を説得する。**このタイプの強みは、楽観的で社交性に富んだ性格からきており、また、人から認められることを切に望んでいる。このタイプとビジネス上のつながりをもとうと思うなら、彼に注目が集まるようにし、こちらが熱意をもって対応し、自発的な行動を高く評価するとよい。細かいことはきちんと書き出すこと。でないと、このタイプは何をやればいいのかわからなくなる。

④**管理者タイプは競争を恐れず、結果第一主義で、率直にものを言い、自信にあふれている。**仕事を完了することが最優先の望みである。このタイプとビジネス上のつながりをもとうと思うなら、相手に選択肢を与えること。あなたの希望を選択肢のなかにうまくしのばせ、そこに注目させる。つねにベストを尽くし、何よりも時間を無駄にしない点を、あなたがよく理解し、高く評価しているということを相手にわからせる。

4つのタイプにはそれぞれマイナス面もある。夢想家タイプから夢を取り上げたら、ただの変人だ。分析家タイプが中身の濃いプロジェクトからはずれると、クレーマーになりかねない。説得者タイプが人を説得しなくなると、とてもつまらない人間になる。管理者

4つの
ビジネス・パーソナリティ

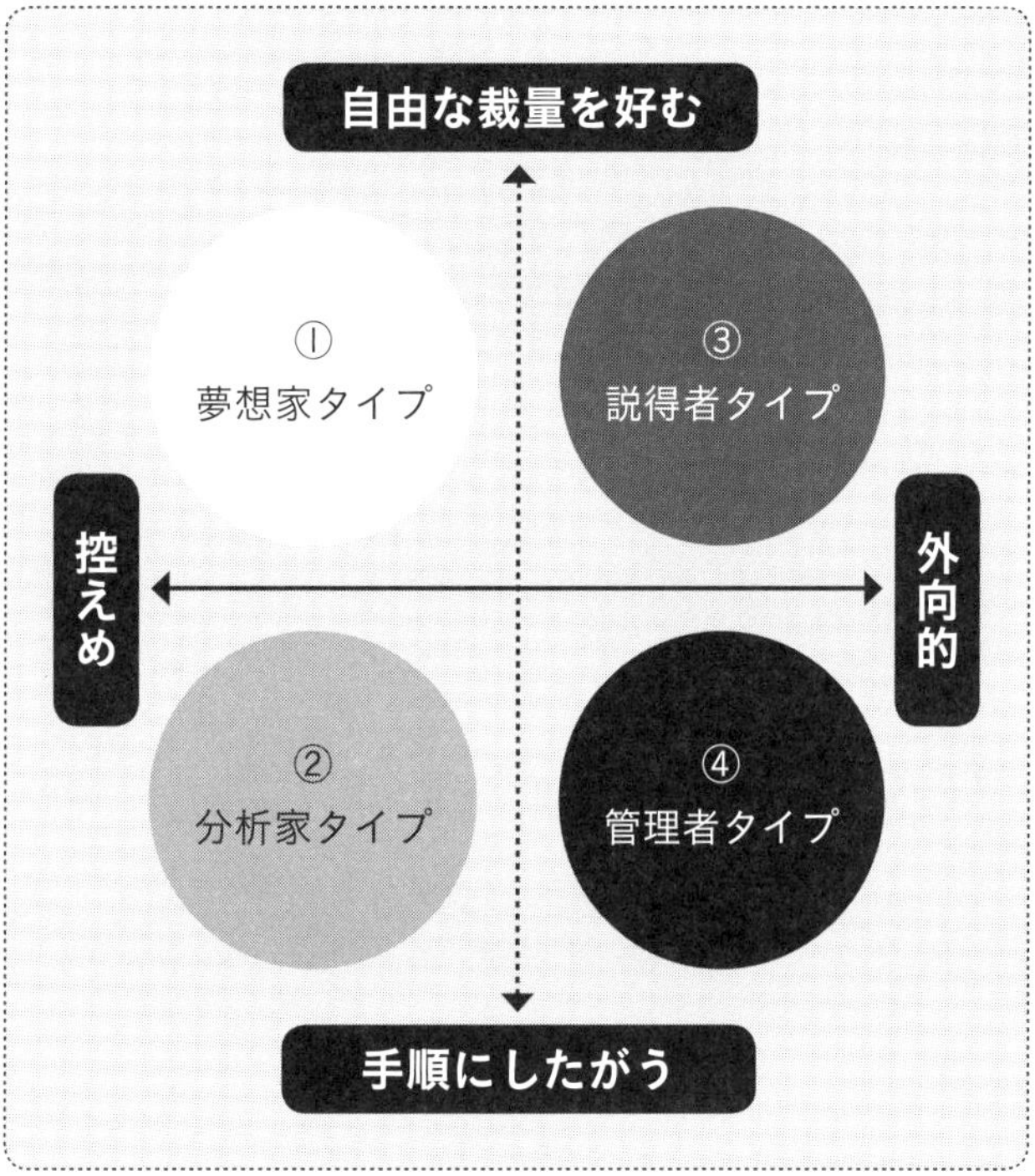

タイプが何も管理しなくなったら、ただの暴君になる。

役に立つ存在でいるためには、それぞれのタイプが自分の強みだけでなく、弱点も認識しておくことが必要だ。自分の弱点に気づき、その弱点や自分に欠けている部分を補ってくれるパートナーが見つかれば、すばらしい成果が出るだろう。

役割を分担してビジネスプランを実行する——成功するパーソナリティの組み合わせ①

ここで、理想的なペアの例を見てみよう。

分析家／管理者タイプのレイチェルと夢想家／説得者タイプのサムは、協力し合うことでサムのアイデアを実現させた。

数年前のことだ。サムとレイチェルが近所の海岸通りを歩いているとき、サムがある店のショーウインドウに〈貸店舗〉の貼り紙を見つけた。サムは言った。

「この場所に何があればいいと思う？　素敵なシーフードレストランだよ」

「確かにそうね」

そう言いながら、レイチェルは頭のなかで、このエリアにあるレストランのことを考えていた。オフシーズンでも商売が成り立つのか？　地元の仕入先は信頼できるか？　思いついた問題点を片づけると、レイチェルはビジネスプランを作成した。二人はそれを持って地元の銀行に行き、4万5000ドルの融資を求めた。

サムはビジネスプランについて独自のアイデアを思いつき、銀行の融資担当者をうまく説得した。しかし、レイチェルが新しく開く店の可能性や潜在的な問題についての分析を説明しだすと、融資担当者は彼女の話にじっと耳を傾けた。誰が管理責任者になるべきかを判断するのに時間はかからなかった。彼はレイチェルをまっすぐ見つめて、言った。

「あなたがこのビジネスを管理するというのであれば、融資をしましょう」

レイチェルは何ごともきちんとこなし、細部にも注意が行き届き、そして現実をしっかり見つめていた（その点、融資担当者も同様だった）。

さらに、融資担当者が気に入ったのは、サムのせっかちな性格をレイチェルがうまく抑制していることだった。サムとレイチェルがそれぞれの役割をきちんと理解してさえいれば、このビジネスはきっとうまくいくだろう。だが、レイチェルに創造的な仕事をやらせたり、サムに分析をさせたりすれば、銀行は焦げつきを出すのを免れないだろう。

自分の部下や同僚、上司のパーソナリティを理解することは大事だが、同様に、自分自身のパーソナリティを知ることも大切だ。あなたのパーソナリティしだいで、アイデアを形にし、それを人に提案する方法が決まってくる。だからまずは、あなた自身がどのタイプであるか、どういう方法で人とつながっているかを理解することが必要なのだ。

クリエイティブチームのやる気を高める——成功するパーソナリティの組み合わせ②

続いて、夢想家タイプばかりのグループを束ね、彼らにうまく仕事を遂行させる方法を見出した、ある管理者タイプの例を見てみよう。

スティーブ・エリクソンはパッケージデザイン会社の経営者だ。会社のクリエイティブスタッフを集めた部署の先月の業績は、標準を下回っていた。スティーブはかなり発破をかけたつもりだったが、なぜそれが功を奏さないのか——彼は私に相談をもちかけた。

「私はスタッフに厳しい態度をとりがちで、彼らを会議室に集めて、『君たちの部署は業績が悪い。りっぱな成果を出してもらうために会社は給料を払ってるんだ』『次の四半期にはこれだけのことを期待している。成果を上げられないなら、会社を去ってくれ』とまで言ったことがあります」

けれど、こうしたアプローチがうまくいかないことを、彼は自分でわかっていた。

スティーブとは私のセミナーで出会った。夢想家タイプについてのディスカッションの最中に、彼はとても着眼点のいい質問をした。セミナーの終了後、私たちは数分間だがクリエイティブスタッフにやる気を出させるにはどうすればよいかを話し合った。

「君のスタッフはアイデアを出すプロ、つまり夢想家タイプなんだ。そして、君は管理者タイプなんだ」と私は言った。

私はスティーブにスタッフをどう扱えばいいのか、具体的な話はしなかったが、その代わり、夢想家タイプの想像力をかき立てるにはどうすればよいかを教えた。

ものごとがどう見えるか、どう聞こえるか、どう感じるか、はたまたどんな匂いがしてどんな味がするか、ということがチームの生産性を上げるにはきわめて重要なことであり、新しい経験と刺激をつねに与えられることが彼らのプロセスには大切なことなのだ、と。

今の刺激ではあきらかに効き目がないと、スティーブは認めた。これまでついつい厳しい態度に出てしまっていたが、それは彼らをやる気にさせるにはまったく逆効果であったことをスティーブは理解したのだ。

そして、これからは〝ＫＦＣ〟――自分が望んでいる結果を肯定的な言葉で認識し、そのための方法を見つけ出す――を実行すると決意した。

その後、スティーブは、クリエイティブスタッフの創造性を目覚めさせるため、スタッフを社外へ保養に連れていこうと決めたそうだ。

「会社が期待する成果をあげてもいないのに、あの連中を五つ星ホテルに連れていくのですか？　正気とは思えませんよ」スティーブに向かってそう文句を言う経営陣もいたが、スティーブはそれを実行した。そして、まさしく会社が望んでいた結果を手に入れた。

スティーブのとった短期的な解決法はこうだ。クリエイティブスタッフのチームを週末のワークショップとして、高原の歴史ある高級ホテルに連れていった。オフィスを離れて心地よい刺激に触れると、スタッフは急ぎのプロジェクトをその週末だけで前月よりも多く片づけた。そこで生まれた活力は、彼らが戻ると同時にオフィスにももたらされた。

さらにスティーブは中期的な解決法として、オフィスに真っ赤なサルーンドアとそれに合わせた赤いカーペットを設置し、窓の外には高さが4、5メートルもある木を植えた。もし彼らが分析家タイプの集団であったら、これは適切な措置ではなかっただろう。けれども、この夢想家タイプのチームには、格段の効果をもたらした。

相手のパーソナリティに合わせないとよい関係はつくれない

ちょっとオフィスを見まわしてほしい。どうもそりが合わない同僚はいないだろうか？あなたのパーソナリティタイプは？　相手はどのタイプ？　それがわかれば、行き詰まった状況も打破できるはずだ。

ジョン・スティーブンソンは〈アクメ社〉の地域担当セールスマネジャーだ。近々、西部地区から来る新しい営業本部長のサンディとはじめて会うことになっている。彼は二人がちょうど同じ時間にオヘア空港で乗り継ぎをすることを知って、乗り継ぎ待ちのあいだに会えるよう段取りをつけた。ジョンは互いに情報交換をしたり、彼が手がけた新しいオーダーフォームを見せたりしようと思っている。

ジョンはその日利用する航空会社のエグゼクティブクラブのメンバーで、彼の乗る便はサンディの便より40分早く到着する予定だったので、サンディとはそのクラブで会うことにした。ジョンはセンスの良い服を着こなす、良識的な人物である。


「ジョン・スティーブンソンさん？」

読んでいた《フォーチュン》誌から目を上げると、ジョンの目の前にはカナリア色のスーツを着た、いかにもエネルギッシュな感じの女性がにっこりと笑いながら立ち、握手にそなえて2つのショルダーバッグとブリーフケースをなんとか片手でつかもうとしていた。

「サンディさん？」

「はい」彼女は元気良く答えた。

「どうぞお座りください。確か、あなたはメンバーではないと聞いていたので――」

「ああ、メンバーじゃないですよ。でも待ち合わせをしていると言ったら、係の人があなたのいる場所を教えてくれて。私はとりあえず行ってみて、違っていたら戻って待てばいいと思ったんです。係の人たちはすごく忙しそうでしょ。それでこうしてお会いできたってわけです」

彼女は荷物を置く場所を確保し、躊躇することなく腰を下ろした。

「確かにそのようですね。飲み物でもいかがですか？」

彼女がはいと答えたので、ジョンはカウンターに行き、ソフトドリンクをもってきた。


「あまり時間がありません」ジョンは腕時計を見ながらそう言った。

「正確にはあと22分。よろしければ、さっそくお見せしたいものがあるんですが」

サンディは話を始める準備ができていなかった。ジョンは彼女が着く前にテーブルにきちんと整理しておいた書類の山から2枚の印刷物を取り出し、彼女の手に押し込んだ。

ふだんは温厚な彼女だが、この男性の態度にはムカッときた。

「ちょっと待ってください。私は何を見ればいいんですか？　何をチェックすればいいんでしょう？」

「Eメールですべて説明してあるはずですよ」

そう答えたジョンの声にも表情にも憤りが表れていた。

ここまでに90秒もかかっていない。しかしこの二人の関係はもはや絶望的だ。この二人のパーソナリティタイプはチャートのどの部分に属するかわかっただろうか？　それぞれの強みは何だろうか？　そしてその強みゆえの弱点はなんだろうか？　サンディを突き動かしているのは何だろう？　ジョンの場合は？

これはチャンスを逃した典型的な例だ。ジョンは分析家タイプで、何ごとにも正確さを求め、集中的に取り組む。サンディは説得者タイプで、自分のことにばかり気持ちが行きがちで、話好きだ。

ジョンは彼を見つけだしたサンディの臨機応変な対応をほめることで会話を発展させることもできたし、会話を通じて彼女の自由な雰囲気に合わせていくこともできた。サンディは二人がうまく顔を合わせる場を設けてくれたジョンに敬意を表し、彼のきちんとした雰囲気に合わせることもできた。

だが実際には、協力してチームづくりをする機会をみすみす失ってしまった。それどころか、二人ともこの日のことを思い出すたびに気まずい状況が頭によみがえり、これから先も強いきずなを結ぶことに尻込みするようになるかもしれない。

エクササイズ 6

相手のパーソナリティタイプを当ててみよう

ビジネスで顧客や同僚と心を通わせるには、相手のパーソナリティタイプに順応し、それを活かすようにしなければならない。そのためには、相手を観察し、質問をし、その答えをよく聞くことで、パーソナリティタイプを知っておくことが必要だ。夢想家、分析家、説得者、管理者――相手のタイプがわかったら、すぐに相手のスタイルに自分を合わせてみよう。

ここに、同じ質問に対する4つの違ったパターンの回答がある。どれが夢想家タイプ、分析家タイプ、説得者タイプ、管理者タイプの回答かを考えてみよう。そして、それぞれのタイプと心を通わせ、会話を続けていくには、次にどんなことを言えばいいか想像してみよう。

質問：デザイン部で急増している経費を削減するにはどうすればいい？

回答1：急増する超過経費に注目させるキャンペーンを自主的に張る。

回答2：経理部から人を呼んで、90日という期限で目に見える結果を出してもらう。

回答3：ほかの部署でも同じ問題を抱えていないかを確認する。数字を見ることができれば、製造部門や広報部などから学べるかもしれない。

回答4：パソコンや無線インターネットを使って、パソコンの画面にポップアップするアラームシステムを設計したらどうだろう。

どのタイプかわかっただろうか？　正解は、回答1が説得者タイプ、回答2が管理者タイプ、回答3が分析家タイプ、回答4が夢想家タイプだ。

どんな強みにも、弱点は内在する

コミュニケーションスキルを伸ばすカギのひとつは、あなたの強みの裏にあるものを見ることだ。あなたの弱点を見ろと言っているのではない——まったくその逆だ。**あなたの強みに内在する弱点を見るのだ。**

人とつながりをつくる能力や説得する能力、周囲と楽しむ能力の壁となるのは、たいてい、強みのなかの弱点だ。たとえば、以下であなたに当てはまるものはないだろうか？

①**夢想家タイプ……**ある状況をさまざまな角度から見ることのできる能力が、あなたの決断力をにぶらせてはいないだろうか？　あるいは、パーソナルスペースを確保したがったり、外見に無頓着だったりすることで、他人に間違った第一印象を与えてはいないだろうか？　本当は「NO」と言いたいのに、「YES」と言ってしまうことはないだろうか？

②**分析家タイプ……**完璧主義のせいで、チャンスが転がり込んでくるような局面で、それを逃してしまうことはないだろうか？　批判的なものの見方が度を超してしまうことはないだろうか？　冷ややかでよそよそしい外見が他人を遠ざけている可能性はないだろうか？

③**説得者タイプ……**人を楽しませようとするあまり、ついつい大げさに話してしまうことはないだろうか？　あなたが話しすぎるせいで、相手からの有益なフィードバックを聞き逃していることはないだろうか？　人と衝突することをむやみに避けてはいないだろうか？　ひとつのことに集中しにくいほうではないだろうか？

④**管理者タイプ……**自分に自信があるせいで、他人の話に耳を貸さなくなっていないだろうか？　じれったさを抑えきれずに、すぐに議論をふっかけたり、あるいは頑固な態度を貫いたりしてはいないだろうか？　すぐにじれったくなる性格が、フィードバックを処理する能力や、必要なつながりをつくる能力を台無しにしてはいないだろうか？

ときには、私たちを大きくしてくれるはずのものに足を引っぱられることもある。もちろんパーフェクトな人間はいないが、自分自身のこうした側面にあえて意識を向けることは、コミュニケーションスキルを向上させる最初の一歩となる。

だから、**自分の強みを活かしながら、その裏の面をきちんと認識し、まわりの人たちに与える影響を意識することが肝心だ。**

また、昔からよく知っているクライアントや同僚に対しても、相手のパーソナリティタイプを理解すれば、次に会うときには何かが違ってくるはずだ。

第7章

自分の本質をひと言で伝えよう

驚かれるかもしれないが、お金は人をやる気にさせる最強の要因ではない。

確かに、お金を払って買わなければならない必需品はある——食事、住まい、移動の手段、そして安全。だが、**人々を決められた職務以上に働きたいという気持ちに駆り立てる最大の原動力は、意義があると思える仕事に関わるチャンスを与えられることだ。**

企業にとって、あるいは株主にとって、またはあなたのチームあるいはコミュニティにとって意義があると思える仕事ができれば、あなたの信念や価値観に命が吹き込まれる。それによって、自分は確かな目的をもち、社会に貢献する価値ある人間だと実感できるようになり、人を説得する能力が、第二の天性として身につくのだ。

従業員と会社を動かす〝ビッグアイデア・ステートメント〟

賢明な企業は、従業員の価値を引き出し、彼らの仕事を意義あるものにすることの重要性に気づいている。〝ミッション・ステートメント〟をつくるのも、そのためのひとつの方法だ。

さらに一歩進んで、ミッション・ステートメントのエッセンスを抜き出し、〝ビッグアイデア・ステートメント〟（私はそう呼んでいる）を創りだしている企業もある。

入念に創りあげた〝ビッグアイデア・ステートメント〟は、組織の存在理由と特色をシンプルかつ印象に残る言葉で説明し、組織にパーソナリティを与えている。

ステートメントの効果は、すべての従業員がいつでも口にすることができるかどうか、どんな場合でもすぐに「私は今それを実行しているだろうか？」と自問自答できるかどうかによって決まる。


たとえば、「マリオットホテル」のビッグアイデア・ステートメントは、〝私たちは、お客さまに旅先でもご友人に囲まれている気分になっていただきます〟。すばらしいステートメントだ。それに、覚えやすい。広報宣伝部長もフロント係も客室係もパティシエも、誰でもすぐに「私は今それを実行しているだろうか？」と自問できる。

答えが「ＹＥＳ」なら、その企業はうまくいっている。「ＮＯ」なら、変化を起こさなければいけない。それが、練り上げられたビッグアイデア・ステートメントのもつ権限付与効果だ。

すべての従業員を企業使命に関わらせ、企業使命の遂行を監視しそれを守りつづける権限を彼らに与えているのだ。

ここで、基本的な企業目標をシンプルかつ効果的に表現したビッグアイデア・ステートメントをいくつか紹介しよう。

- **ウォルマート**……私たちは一般の人々にも裕福な人と同じものが買える機会を提供します。
- **メアリー・ケイ・コスメティックス**……私たちは女性たちに無限のチャンスを提供します。
- **メルク社**……私たちはヒューマンライフの維持と向上に努めます。
- **コカ・コーラ社**……私たちは世界中を元気にします。
- **スリーエム**……私たちはイノベーションで未解決の問題を解決します。
- **ウォルト・ディズニー社**……私たちは人々を幸せにします。

ビッグアイデア・ステートメントはどれも、商品やサービスについて直接言及しているわけではない。何をしている企業であるかを述べているだけだ。

たとえば、メルク社が目標としているのは〝ヒューマンライフの維持と向上〟であると知れば、代理店も販売に力が入るというものだ。そして従業員がつねに「私は今それを実行しているだろうか？」と自問し、その答えを出していれば、それは、企業の利益にも間違いなく反映されるはずだ。

企業の〝ビッグアイデア・ステートメント〟のつくり方

アメリカで有名なあるレストラン・フランチャイズに協力するため、私は週末のあいだずっとペンシルベニアにいた。そのレストランの目標は、接客マナーの向上だった。当初、その会社のミッション・ステートメントはこんなものだった。〝私たちはつねに……を念頭に置きながら、お客さまに最高の……を提供し、おもてなしの心や……をもってサービスに当たり、……に忠実でいます〟

なんと誰も全文を覚えておらず、その意味を説明することすらできなかった！　さあ私の腕の見せどころだ。

ビッグアイデアは、ビジネスの本質を探ればおのずと生まれてくるものだ。企業をお手伝いする場合、私はよく担当者一人ひとりと一対一で話をして、彼らにとって大事な何かを見つけだそうとする。それはたとえば株主に配当を出すとか、一流の顧客サービスを提供するとか、トイレをいつも清潔に保つとか、そんな当たり前のことではない。**私たちが見つけだすべきものは、会社の根底にある価値観と信念なのだ。**

私はまず会社の役員たちに次の質問をした。「レストランであなたが大切と思うことは何ですか？」（最初の質問はいつもそのビジネスの基本的な側面に関することから始める）。役員たちが答えたことを、私は一つひとつ黒板に書きだしていった。相手が黙るたびに、私は「ほかには？」と促し、相手が「以上です」と言うまでそれを続けた。

そのあいだに私たちが交わしたやりとりを簡潔に紹介しよう。

私「レストランについてあなたが大切だと思うことは何ですか？」
彼「おいしい料理、リーズナブルな価格、一流のサービス、フレンドリーなスタッフ」

相手が言い終えたら、手がかりとなる要素――料理、価格、サービス、フレンドリーなスタッフ――の一つひとつについてさらに掘り下げていった。たとえばこんなふうに。

私「おいしい料理について、あなたが大切だと思うことは何ですか？」
彼「食事をしているあいだ気分がいいこと、ゆっくり味わう時間があること、そうすれば感謝の気持ちが湧いて、舌触りまで堪能できて……」
私「リーズナブルな価格について、あなたが大切だと思うことは何ですか？」
彼「手頃な価格で良質なものを提供したい」
私「ほかには？」
彼「信頼できる人たちと商売がしたい」

それから、私は新しい手がかり――気分がいい、ゆっくり味わう時間、品質、信頼できる人たち――についてさらに掘り下げていった。
最終的に、私たちは決定権をもつこの役員の信念や価値観の根底にあるものをひとつかふたつだけ見つけだした。このプロセスに一人あたり20分から30分かけ、それをほかの役員についても繰り返した。

昼下がりの頃、私たちは全員を集めて、みんなの意見をまとめたリストを見せた。そこにはこんなことが含まれていた。「並んで待たなければならないとしても、それだけの価値があること」「料理に本当に気を配っているレストランが好きだ」「大切な存在だと感じたい」「おいしそうな匂いがすること」

その日の終わりには、誰もがやる気を起こし、わくわくするようなビッグアイデアが生まれていた。驚くほどシンプルで、どんなときでもすぐに「私は今それを実行しているだろうか？」と自分に問いかけることができる。

そのレストランのビッグアイデアとは、次のようなものだ。

〝私たちはお腹をすかせたお客様に、自分は大切にされていると感じていただきます〟

こうしたフレーズは、外部から見ると陳腐で当たり前と思われることも多い。けれど、こうしたフレーズに従業員や料理といった具体的な要素が積み込まれると、内部の人にとっては〝ビッグアイデア〟になる。それが行動を変え、態度を変え、認識を変え、やがては決算書の数字を変えるのだ。

〝私たちはお腹をすかせたお客様に、自分は大切にされていると感じていただきます〟は印象的なフレーズだろうか？　組織の魂をつかみ、社の全員を同じ方向に向かわせることができるだろうか？　汎用性はあるだろうか？　拡大することもできるだろうか？　すべての疑問に、答えは「ＹＥＳ」だ。

その会社はただちにビッグアイデアのフレーズをデザインしたステッカーを注文し、すべての店のレジに貼りつけた。従業員はこれを見るたびにビッグアイデアを思い出し、「私は今それを実行しているだろうか？」と自問することで、道をはずさなくなる。

自分自身の〝ビッグアイデア・ステートメント〟をつくってみる

企業のビッグアイデアを定めることで、従業員の意識がそこに集中し道をはずさなくなるように、あなたが仕事を通じてどんな貢献をしているかを示す自分自身のビッグアイデアを定めれば、あなたのビジネスの方向性はしっかり定まり、意義のあるものになる。

日々の単調な業務のなかで、私たちは自分の仕事を過小評価しがちだ。毎日決まった仕事に力を注いでいると、それをどうやって大きな目標につなげばいいかわからなくなる。

けれども、地球上に住んでいる人は誰だって、この世界の動きに影響を与えている。**あなたの貢献がどんな意義や価値をもっているかを見つけだせれば、誰かとつながりをもち、相手を動かすこともますます容易になる。**あなたにはつまらないことに思えても、あなたの仕事にはちゃんと価値があるのだから。

パット・サリバンはオンタリオにある商務省の輸出課に勤めている。彼は自分の仕事の内容をひと言で表すフレーズを見つけ、誇らしく思っていた。それによって、人とつながるのがたやすくなったからだ。今、パットのやる気と価値観に命が吹き込まれたのだ。

ビッグアイデアを見つけ出すまで、パットは、彼や彼の部署がどんな仕事をしているのか、人々の生活にどんな影響を与えているのかを、うまく人に話すことができずにいた。そのため、心がわくわくするような仕事に思えなかった。

そこで私たちは、彼の問題について話し合う機会をもった。パットのクライアントはややこしい専門用語、たとえば、「大使館や領事館の商務部や海外の観光部を通じて、潜在的な市場機会を見出すことができるのです。ときには……」といった話になると、たいてい反応が鈍くなるのだと彼は説明した。


話し合いのなかでパットは仕事の内容を短い言葉でまとめ、パーソナル・ビッグアイデアをつくった。彼は昔から謎解きが大好きで、そこからこんなフレーズができあがった。〝私はビジネスの謎を解きます〟

パットは自分の方向性を見出した。そして、自分の部署ならこんなことができますと相手にわかりやすく説明し、新たな市場の開拓を約束できるようになった。

「私は今それを実行しているだろうか?」という自分への問いかけに、彼はいつでも自信をもって「YES」と答えている。

エクササイズ 7

ビッグアイデア・ステートメントをつくろう

どこか邪魔の入らない場所を見つけて、メモとペンを用意し、ウォーミングアップのためにいくつか自問してみよう。


「せんじ詰めれば、私の仕事とはいったい何か？」

「私の会社／仕事／作業／キャリアの存在理由は？」

「私はどんな効果を生みだしたいのか？」

「私のビジネスの理念とは何か？」


これからレストラン・フランチャイズで行ったのと同じプロセスを練習しよう。

「○○について私が大切だと思うことは何だろう？」といった具合に。たとえば、

「私の仕事について私が大切だと思うことは何だろう？」


あなたの答えから手がかりになる言葉に注目し、それを使って次のレベルに進む。

あなたの本質的価値や、あなたがわくわくするようなことが見つかるまで、これを繰り返す。

次に、子どものころからあなたにそなわっていたと思う、生まれながらの才能や素質を10個挙げてみよう（クイズ番組に出て、ひとつ答えるたびに1000ドルもらっているところを想像しよう）。

数時間あるいは数日間、そのリストを手元において過ごそう。手元に置く時間は決まっていない。あなたの頭にひらめきが走り、「そうだ！　そんなのわかりきったことだ」という言葉が出てくるまでそばにおいておこう。

もう少し時間がかかるようなら、必要なだけの時間をかければいい。あなたの脳は中身を整理し直そうと一生懸命働いているのだから。

自分のビッグアイデアを10秒コマーシャルにする

パーソナル・ビッグアイデアは、あなたの仕事の本質をあなた自身に教えるためのフレーズだ。それを別の誰かに教える場合には、10秒コマーシャルを使うとよい。

あなたの仕事はどんな内容かと尋ねられて、たとえばパット・サリバンの場合、〝私はビジネスの謎を解きます〟と答えたら、相手は彼のことを馬鹿かと思うだろう。けれども、〝私は輸出業者が新しいマーケットを開拓し、予定どおりに商品を出荷して安らかな眠りに就いていただくお手伝いをしています〟と言えばどうだろう。

10秒コマーシャルの意図は、あなたがそれを口にすることで、相手の関心を引き、「もっと詳しく聞かせてください」と言わせることだ。それはさらなる会話へと誘う招待状となり、あっという間に相手とのつながりができてしまう。

昨年、私はパリである仕事を引き受けた。私は当初、レンタカー会社がビッグアイデア・ステートメントをつくるお手伝いをするものだと思っていた。けれどもその会社が必要としていたのは、10秒コマーシャルだった。

私がそれに気づいたのは、国際レンタルを専門に扱う部署のアンドリュー・ハリソンと話をしていたときだ。国際レンタルとは、たとえばリスボンで車を借りアムステルダムで返すといったしくみで、西ヨーロッパのほとんどの地域で利用されていた。

2年前、その会社はコンサルタントの力を借りて、ミッション・ステートメントをつくった。彼らは自分たちのビジネスを分析し、マネジャーやスタッフたちと話し合い、しこたま調査をしたうえで、このステートメントに決めた。プリントされ、世界中のあらゆる代理店に貼られたミッション・ステートメントはこうだ。

〝大切なお客さまに最高に価値ある製品とサービスを提供することに専心します。当社は料金、サービス、製品の品質で、現在もそして未来においてもどこにも負けません〟

アンドリューは言った。

「うちはどういう会社で、他社とどこが違うのか、どんな人の役に立っているのか、どんな形で世界に貢献しているのか、といったことが、このステートメントでは伝わらない。もっと短くて、明快なフレーズが欲しいのです」

まさに10秒コマーシャルの出番だ。10秒コマーシャルはカクテルパーティや展示会、ビジネスランチ、あるいはエレベータのなかで、誰かとつながりをもちたいときに有効だ。10秒コマーシャルを使えば、あなたが何を提供できるかを相手に伝えられる。

これはセールストークではない。買ってくれと相手にプレッシャーをかけることなく、相手を惹きつけて要点だけを伝える。巧みに構成された、魅力あふれるミニプレゼンテーションなのだ。

あなたの10秒コマーシャルは、あなたの仕事がどんなものか、世の中の人にどんな価値を提供できるかを、一瞬で伝えられるものでないといけない。

私はアンドリューたちに尋ねた。

「この会社が熟知しているものは何ですか?」

答えが猛烈な勢いで返ってきた。

「初めてその土地を訪れた人にヨーロッパの道を教えてあげられます」と一人が答えると、その横にいた女性が「道沿いのホテルやレストラン」と甲高い声で答えた。「融通性」と別の誰かが答えると、今度はアンドリューが「自由」と答えた。「一般道路を走る自由。ゆっくりと時間をかけて」。そのあとも信頼性、気候、関税、国境越えなど、次々に答えが返ってきた。第一段階は成功だ。

「ストップ!」

そう言って、私はホワイトボードに書き出した言葉やフレーズを指し示した。

「では、ちょっと考えてみよう。融通性と自由……こんな10秒コマーシャルはどうだろう。〝私たちは旅行者に1日24時間ヨーロッパを探検する自由を提供します〟」

あなたにも同じようにあなた自身の、あるいはあなたの会社の10秒コマーシャルをつくることができる。まずは自分自身に問いかけることから始めよう。

「うちの会社が熟知している特徴的なものは何だろう?」

そして次に、自分自身やあなたの顧客に、あなたが熟知しているもの、提供しているものは何だと思うか、問いかけてみよう。

10秒コマーシャルとビッグアイデアの違いは、10秒コマーシャルには「私は今それを実行しているだろうか?」という要素がないことだ。

その代わりとなるのが、相手に「どうやって?」「もっと聞かせて」と言わせることだ。相手にそう言ってもらえるかどうかが、10秒コマーシャルの試金石なのだ。

すばらしい理念が企業や組織に精力を傾ける対象と方向性とパーソナリティを与えるためには、ビッグアイデア・ステートメントが必要であるように、10秒コマーシャルはあなたのビジネスをさらなるステージへ引き上げ、知らない人たちのもとへ届けていくのに必要なものだ。

しかも、相手をわくわくさせながら効果的なやり方であっという間にそれをかなえてくれる。

あなたのアイデアを市場に送りだすとしたら、まずすばらしいアイデアがあって、次にビッグアイデアができ、最後の段階が10秒コマーシャルだ。

エクササイズ 8

10秒コマーシャルをつくろう

あなたがどんな仕事をしていて、どんな人の役に立っているのか、あなたの仕事がどんな形でその人たちの生活をより快適で楽しいものにしているのかを簡潔にまとめた、10秒コマーシャルをつくってみよう。あなたがクライアントにどんな利益をもたらすかも含めておこう。

あなたが熟知しているものは？　あなたが提供しているものは？　あなたの顧客はあなたが何を熟知していて、何を提供してくれると思っているのだろう？

あなたが華やかなレストランを経営しているのであれば、あなたは料理やサービス、店内の装飾について熟知していると思っていることだろう。けれども、店の客からすれば、あなたがロマンスを熟知していると思っているかもしれない。さあ、あなたの想像力と感情に語りかけてみよう。

10秒コマーシャルは3つのパートで構成する。

①あなたはどんな仕事をしているのか
②あなたはどんな人の役に立っているのか
③あなたの仕事がどんな形でその人たちの生活に貢献しているのか

10秒コマーシャルは、たった10秒間で相手に届けるもの。だから、短く、要点をついたものにすること。それを聞いた誰もが「もっと話を聞かせて」と言ってくれるようになるまで、フレーズを練り上げよう。

第8章

自分にふさわしいファッションを身につけよう

わが師マルドゥーンはこの上なくシンプルな言葉でこう言った。

上質な服を着なさい、そうすれば、より多くの人が君の言葉に耳を傾けてくれる。

私たちの多くは自分の外見やファッションセンスに自信をもてなかったり、あるいは無頓着だったりするため、自分のワードローブを改善しようとせず、いつの間にか手遅れになってしまう。いくら第一印象を気にしても、それでは台無しだ。

自分の外見と仕事ぶりをうまく結びつければ、ビジネスの世界で相当な競争力をもつことができる。初対面の相手は、まずあなたの態度に反応する。部屋に入ったとたん、あなたは無言のメッセージを放っているのだ。そのメッセージの一部はあなたのスタイル（もしくはスタイルの欠如）である。

ここで、あなたのスタイルがどうあなた自身を語っているかを正直に評価し、そのメッセージがあなたに有利に働いているかどうかを確かめてみよう。

あなたの外見は「親しみやすい」？それとも「権威がある」？

私はこれまで大手衣料品店の広告用写真を何千枚と撮ってきた。そんななかで、どんな外見を撮りたいのかを何度となくクライアントと話し合ってきた。つまり、「親しみやすい」外見か、「権威がある」外見か、はたまたその中間か。

「親しみやすさ」と「権威」という両極端のあいだにある肥沃な中間領域にこそ、あなたにふさわしいプロフェッショナル・スタイルが育つ。

プロフェッショナル・スタイルは、あなたの自主性と自信が表れているものであるべきだ。**自信をもって魅力的な服を着ることが、将来の仕事のオファーや、待ち望んだ昇進、数百万ドルの契約を取りつけられるかどうかといったことに影響を与えるのだ。**

部屋に入り新しい同僚と握手をする場合でも、社員全員を前に演壇に立つ場合でも、人が最初に見るのは、あなたの態度だ。そのあとすぐに注意を向けるのが、あなた自身の総合的な見せ方、つまりスタイルだ（もちろん、この二つは別物ではない。あなたの態度がスタイルに影響を与えるわけだから)。

あなたの態度と外見は、セットで、無言の信用証明書になる。**あなたの「権威」と「親しみやすさ」の割合が、あなたが言葉をかけたときの相手の最初の反応を左右する。**

ここに、仕事着のレベルを示すスライディングスケール(物差し)があるとしよう。物差しの一端はブルージーンズ(庶民的な身なり)、もう一端は高価なオーダーメイドのスーツ(上流社会の装い)だ。もちろん、どちらか一方でなければならないということはない。たいていの人は両方の要素を組み合わせて、頃合いのところを見つける。《ニューヨーク・タイムズ》の企画で通りすがりの人に声をかけたとき、私は権威を感じさせる上着と親しみやすさを表すジーンズという格好だったことを思い出してほしい。

たとえば、まじめな態度の男性がバンカーストライプスーツを着こなせば、権威のある雰囲気をかもしだすのにピッタリだが、それに真っ赤なサスペンダーを組み合わせれば、一挙に親しみやすさが増す。

女性でも、ダークスーツにセンスのいいハイヒールで現れたなら、同じように権威に満ちた雰囲気を出すことができる。そして、それに明るい色のスカーフやちょっと変わったアクセサリーで差し色を加えると、親しみやすさを表現できる。

このように仕上げに工夫をこらせば、あなたがつくる第一印象に説得力が生まれる。なぜなら、それによってあなたのパーソナリティがちらりと顔をのぞかせるからだ。**あなたと親しくなったら、きっとこんな人だとわかりますよと相手に教えてくれているのだ。**

"これからやりたい仕事"にふさわしい服装をする

外見はそんなに重要か？　答えはYESだ。あなたの服装は、人との関係づくりに決定的な意味をもつ最初の90秒のなかで、大きな役割を果たす。

マルドゥーンは私にこう言った。

「**今の仕事ではなく、これからやりたい仕事にふさわしい服装をしなさい**。電話で広告枠を売り込む仕事をさせるよりも、もっと大事なプレゼンテーションをさせようと上司に思わせるんだ。君のパーソナリティを君のスタイルで表現するのに、ワードローブをうまく使うんだ」

あなたのパーソナルスタイルは今後のキャリアの発展に強い影響を与えつづけるはずだ。だって、ほら、著者を知らなくても私たちは表紙で本を選ぶだろう。

ファッションの第一人者ココ・シャネルはこう表現した。

「相手がみっともない格好をしていたら、あなたはその服装に目が向いてしまうでしょ。でも、相手が非の打ちどころのない着こなしをしていたら、あなたはその人自身に目を向けるはずよ」

自分のファッションスタイルを見つける3つの方法

どんな服やアクセサリーを買えばいいか、あなたはどうやって判断しているだろう。同僚たちを参考にする？　それとも上司をお手本にする？　ファッション雑誌を見る？　何を選べば効果があるか、それを判断する基本的な方法は何だろう？

第一に、〝KFC〟の質問をする。「権威」と「親しみやすさ」のバランス目盛りをどこに合わせたい？（ちょうど中間というのはお勧めしない——どうしても権威に偏りがちになるから）その服装でどんなメッセージを相手に伝えたい？　どの程度相手に合わせたい？　外見によってとくに強調したいパーソナリティの側面は？　手持ちのワードローブでそれは可能だろうか？　あなたの身体的な特徴を考慮に入れて、あなたが目指そうとする外見がそれとうまく折り合いがつくか確かめてみよう。

第二に、情報を入手する。もっとも売れているファッション雑誌を何冊か読んでみよう。できれば国際版も参考に。

とくにフランス、イギリス、イタリアの雑誌がお勧めだ。雑誌に載っているのは、私たちの多くがふだん身につけているものより高級なファッションが多いが、そこからスタイル感覚をつかめばいいのだ。あなたが作りあげてきたイメージにぴったり合うアイテムにはしっかり目を留めておこう。

第三に、人を味方につける。ファッションにうるさい友人や家族、あるいはスタイル感覚が素敵だと思う人からアドバイスをもらうといい。

ただし相談する相手は、あなたに変わってほしいと思ってくれている人を選ぶこと。恋人だと、あなたに成功してほしいと思っていても、あなたが自分のよく知っているイメージや自分のお気に入りのイメージから離れてしまうのを嫌がる場合もあるので。

あなたの周囲に相談できる相手がいないなら、ファッションコンサルタントを雇おう。あるいは気に入った店で何着か試着し（別に買う必要はない）、店員にあれこれ意見を求めるのもいいだろう。

高級百貨店の多くは相談係を無料で用意している。相談係はファッションスタイリストのようなもの。ふさわしい外見を見つける手助けをしてくれるはずだ。

相談係がいったんあなたのことを理解してくれたなら、あとは時間が節約できる。前もって数パターンの組み合わせを用意して待っていてくれるだろう。あなたを最高に見せること、あなたにそぐわない外見を排除することが相談係の仕事なのだ。清潔で新鮮な外見をあなたに用意するだけでなく、手持ちのワードローブを集めて最新のものにしてくれる。

さらに、美容院や靴屋も紹介してくれる。

上等なアクセサリーで服を実際より上等に見せる

服装の品質にお金をかけるよう心がけよう。それはあなたの価値を上げるための投資だ。あなたの身体にこの上なくフィットし、プロポーションを美しく見せてくれる服に投資をする。あなたを健康的で若々しく生き生きと見せる色を見つけだし、あなたのパーソナリティと可能性を引き立たせるスタイルを生みだそう。

高価なオーダーメイドのスーツを作る余裕がなければアクセサリーにお金をかけよう。財布、スカーフやネクタイ、ブリーフケースや靴はできるだけ贅沢なものを買うこと。

私が安い商品を撮影する際は、商品よりずっと値の張る小道具を使ったものだ。その効果は絶大だ。うってつけのアクセサリーを添えると、実際よりも上等な服を着ているように見える。

7つの質問で自分の外見をチェックする

あなたの今の外見は、ちゃんとあなたを語ってくれているだろうか？　あなたの職場でのイメージは、あなたが望んでいるものだろうか？

ここに7つの質問を用意した。ビジネスの場での着こなしについて、自分自身に問いかけてみよう。

①**プロらしく映っているか？……**細部に気を配ることで、プロらしく見えるものだ。プロらしく見えたら、プロ意識がもてる。シミひとつない清潔なシャツを着ることが企業戦士の証といった企業文化も、多く見られる。

また、単色使いはもっとも洗練された着こなしである。ジョルジオ・アルマーニはこの方法で成功者をつくってきた。同じ色の濃淡を着ていると落ち着くものだ。

②**身だしなみが服に合っているか？……**髪は清潔できちんとカットされているか？

爪は切りそろえてあるか？　香水やコロンの香りはきつすぎないか、体臭は大丈夫か？　副流煙のにおいでさえもあなたのイメージをぶち壊すことを覚えておこう。

③服の手入れは行き届いているか？……細部に気を配るのがカギ。服にきちんとアイロンがかかっているか？　シミや糸のほつれ、取れかかったボタンはないか？　靴は磨いてあるか？　その服を着てテレビに出て、クローズアップされても平気か？

④流行遅れでないか？……ほかのものより流行遅れになるのが早い服もある。流行に左右されにくいワードローブ――カシミアのセーターや濃紺のスーツなど――で安全策をとるか、それともつねに流行に乗りつづけるか。

最新のファッションで身を固めようと思うなら、頻繁に手持ちの服を取り替える覚悟をしなければいけない。ビジネスの場で流行遅れの服を着ていたら、あなた自身が時代遅れになってしまうだろう。

⑤靴は正しいメッセージを伝えているか？……異性を見るとき、最初に目が行くの

は足もとだ。靴のかかとがすり減っていたり、ひびが入っていたり、汚れていたり、流行遅れだったりしていないか？　その日の服装と合っているか？　自分らしさを表現しているか？　私の赤い靴は、実直なスタイルに遊び心をプラスしてくれた。

⑥服装が派手すぎて相手の目を奪っていないか？……派手な服装に気をとられたり圧倒されたりして、相手があなたの考えに集中できなくなっていないか？　あなたの服装は全体としてどんなメッセージを相手に送っているだろう？

⑦服装がフィットしているか？……あなたの服は身体にフィットしているか？　サイズが問題なのではない──フィットしているかどうかが問題なのだ。あなたの着こなしや全体的なイメージは、あなたのパーソナリティと一致しているだろうか？

役割にふさわしい服装をする

ロンドンでマルドゥーンの教えを受けた2年後、私は南アフリカ共和国のケープタウンにある街の朝刊紙《ケープ・タイムズ》のオフィスで初日の挨拶をしていた。

私は〝特別プロジェクト（「問題のある分野」の遠回しな言い方だ）〟の広告スペースを売るために雇われたのだ。

イギリスで巨匠マルドゥーンから多くの教えを学んでいたので、私は自分の将来を楽観視していた。彼のアドバイスにしたがって、**私は仕事用の服に金をかけていた。オフィスの同僚たちよりも、上司に近い服装をしていた。**

その初日は忘れようにも忘れられない日になった。上司のエッカーマンが私を呼びつけ、最初の任務について簡単な説明をした。彼はキャビネットから特集欄を取り出して机に置き、こちらに向けてきた。

「うちでは年に2度このファッション特集を出しているのだが、広告主はどうも気に入らないらしい。そこで君は広告主を訪ねて、気に入らない理由を訊いてほしいんだ」

私はそれに目を通すと、心からの熱意を込めて答えた。

「訊くまでもありません。理由は明らかです。写真がひどすぎる。私ならもっといい写真が撮れますよ」

「そう思うかね」エッカーマンは私の目をまっすぐに見つめた。

私はひるまずに言った。

「もちろん」


このときから、私の25年におよぶ広告・ファッションカメラマンとしてのキャリアが始まったのだ。いともあっけなく。

いやはや大変なことになった！　私は写真技術のイロハも知らなければ、自分のカメラすら持っていない。だが、私が完全に打ちのめされるその前に、ありがたいことにマルドゥーンの声が耳元に聞こえてきた。

「できるかぎり最高の人材を探せ」

ファッション部門の編集者の助けを借りて、私はその街で最高のモデルと最高のヘアスタイリスト、メイクアップアーティスト、スタイリストを見つけた。さらに、ベテランのカメラマンを彼の所有するスタジオ付きで見つけてきた。彼に出会うまで、私は商業用のフォトスタジオに足を踏み入れたことさえなかった。

私が撮影については初心者であることをスタイリストに打ち明けると、数多くの撮影現場を経験していた彼女が、これまでに見てきたカメラマンのあらゆる動きをそっと教えてくれた。

ファッション撮影について私が知っていることといったら、『欲望』（原題：Brow-Up）という1966年の映画から得た知識ぐらいだった。映画では、着くずした格好の若いファッションカメラマンが、ロンドンの街をロールスロイスで走りまわったり、自分のスタジオでいかしたファッション写真を撮ったりしていた。

またしても、私はカメレオンになった。『欲望』の主人公のような服装で、スタイリストが教えてくれたとおりにしたのだ。誰もが私には相当な知識があると思っていた。

私は優秀な若いカメラマンの気分になりきってモデルに立ち位置を指示したり、彼女たちもその気分になりきれるようにした——そう、態度は伝染するのだ。なかには、ベテランカメラマンの指導を受けながら撮った写真もあった。

私たちはその日、屋外での5シーンを含め、24シーンを撮影した。男も女も、仕立ての服を着ると信頼できる重要な人物に見え、カジュアルな服装をすると、同じモデルでも協調性があり、リラックスした雰囲気に見えた。

もちろん、モデルたちは要求されたムードをうまく出すよう態度を合わせてくれていた。

どの分野のプロもみな、きちんと役割を果たしてくれた。私はモデルに立ち位置や表現してほしい感情を指示するうちに、学んだことがあった。

誰かの写真を撮るとき、「うれしそうにして」とか「重要な人物のように見せて」とか言っても意味がない。相手にそう感じさせなければいけないのだ。そして私は、それが自分にできるということ、それも結構うまくやれるということを発見した。

私は彼らの身になってみた。そうやって、ボディ・ランゲージを同調させるパターンをつくりあげた。

「こんなふうにね。そう、肩をこちらに。こんなふうに」

声も活用した。気分を盛り上げるような声で「いいよ!」、次は息を吐きだすように「いいね」。そして、荒々しい声で「すごい！」

次の土曜日、16ページにわたる特集版が発行された。最初のページの中央に小さく、〝撮影：ニック・ブースマン〟。ヤッター！　私には1枚もまともに撮ることなんてできなかったはずなのに、みんなの力を結集することで、なんとかやりこなせた。

どうしてこんな話をしているかわかるだろうか？

態度・パーソナリティ・外見はつながっているということを示すためだ。その3つがシンクロすると、自信という強いメッセージを放つ。そして、その自信がすばらしい結果を生む。

あの初出社の日、上司の部屋へ向かうあいだ、私は自分の姿が億万長者のように見えていると思い込んでいたし、それに見合うだけの自信を発散させてもいた。

撮影をしているあいだ、**自分の役割にふさわしい服装をしているだけで、自信が湧いてきた**。私には経験がなかったのだから、そうやって自信をみなぎらせることが必要だったのだ。

それに加えて、私はその日、服装と態度によって認知のされ方がどれだけ違ってくるかを肌で感じとっていた。同じモデルが服や動きを変えるだけで劇的に違って見えた。要はこういうことだ――〝まるで世界を征服したかのように、最高の気分でいられる服装をしなさい〟

自分と違うタイプの人と上手につき合うために

あなたが清潔感のある服装が一番と考えているタイプなら、職場でもそれ以外でのつき合いでも同じような外見の人といると落ち着くだろう。同様に、質素で着心地のよいものを好むタイプも、同じような服装の人に惹かれるはずだ。服装で自己主張をする人たち同士も容易にインスピレーションを感じ合うだろう。

このように、服装は優位感覚別のユニフォームのようなもので、同じ優位感覚を持ち合わせる人たちを惹きつける。

ここで注意が必要だ。あなたと似たタイプの人と仲良くなれるからといって、人とつき合う能力に長けていると勘違いしてはいけない。

本当の成功を得るためには、タイプの違う人や優位感覚の違う人とでも心がつながる方法を身につけないといけない。

プライベートなつき合いでは、自分が選んだ友人はたいてい好みが似ているものだ。私たちは自分に似ている人、共通点の多い人を友人に選ぶ傾向がある。

だが、ビジネスの場にこれは通用しない。ビジネスの相手は必ずしも自分で選べるわけではないので、自分と違ったタイプの人でも受け入れる適応性をもたなければならない。そう、「類は友を呼ぶ」という言葉は、ビジネスには当てはまらない。

人の外見がその人の優位感覚によってどんな偏りを見せるか、それを読みとることができれば、相手が人とつき合う際のスタイルについても多くのことがつかめるはずだ。

相手の服装がその人の優位感覚について何を語っているかに注目し、それを味方につける。そこから相手の心に響く言葉を探せばいい。つまり相手の優位感覚に合わせた対応をするということだ。

外見はその人物について多くのことを語っている。そのシグナルを読みとき、つながりづくりに活用しよう。

自分の可能性を映しだし、権威を感じさせるような外見を作りだせば、予想もしなかった新しいビジネスへのつながりづくりの近道となる。

スタイルとは好印象を与える態度に始まり、好印象を与える外見で終わる。誠実で信頼できる人物と見てもらうにはボディ・ランゲージと言葉を一致させなければならなかったように、身体の特徴・パーソナリティ・服装の一致あるいは調和にも心を配る必要がある。

あなたのスタイルが最高の自分——絶好調でいるときの自分——を映しだしていれば、最高の自分を感じ、最高の自分として振る舞うことができる。

覚えておいてほしいのは、あなたはつねにコミュニケーションをとっており、それがうまくいったかどうかは、返ってくる反応でわかるということ。

それはビジネスのスタイルにも当てはまる。だから、相手の反応のしかたに注目する。あなたの望むような反応が返ってこないなら、望む反応が返ってくるまで、あなたの行動（あるいは外見）を変えてみることだ。

第9章

コミュニケーションの回線をひらこう

会合やパーティの席で、到着するやいなや、あちらこちらで姿を見かけ、あの人ともこの人とも話をしているように見える人がいる。しかもごく自然に無理のない様子で。こういう人たちにとってビジネスや社交の場は、人と出会い、ネットワークをつくり、ビジネスの領域を広げるチャンスなのだ。

「自分はそうできない」と思うかもしれない。でも、気を取り直して。チャンスは誰のもとにも存在しているのだから。

確かに人づき合いを自然にこなす人もいるが、そもそも人づき合いは後天的に身につけられるスキル。**社交上手な人のもつ才能を、あなたのものにすることは可能なのだ。**

うまく挨拶を交わすための5つのステップ

ここでは、誰かと出会ったとき――それが初対面の相手でも何度か会ったことのある相手でも――うまく挨拶を交わすための手順を紹介しよう。これは充分に試行を重ねたもので、たいていの場面で通用する。手順を5つのステップに分けてみた。

①**オープンにする……**まずは、あなたの態度と身体を相手にオープンにすること。そのためには、好印象を与える態度を身につけておかないといけない。

自分の心臓を相手に向けて、胸を覆っているもの——手、腕、クリップボード、その他の仕事道具——が何もないことを確認する。

私はいつも両手が相手から見えるようにしておく。こちらが何も隠していないことを示すことで、相手が無意識に起こす防御反応を解除できる。

②**アイコンタクトをとる……**こちらから先にアイコンタクトをとる。

③**笑顔を見せる……**こちらから先に、あなたの態度がにじみ出るような笑顔を見せる。笑顔は、あなたが自信にあふれ、正直で意欲的な人間だというメッセージを伝えてくれる（相手と目が合う前に笑顔になっていても結構。効果は同じだ。ほんの数秒間の出来事だから、気持ちを楽にして、あなたの態度が表面にあらわれるようにすればいい）。

④**言葉を交わす……**「こんにちは」でも「やあ」でもいい。挨拶は気持ちのよいトーンで交わすこと。初対面の相手には、「こんにちは、○○です」とこちらから名乗って主導権を握る。握手は、たいてい互いに名乗り合っているあいだに交わすといい。

⑤**同調する……**出会ったらすぐに相手のボディ・ランゲージと声の特徴に同調すること。複数の人と話をする場合は、順番に一人ひとりと向き合う。

私が5人の配達員と同調したときには、一人ひとりと向き合い、向き合っている相手のボディ・ランゲージと声の特徴に同調した。たとえ数秒ずつでもいいから、一人ひとりと同調するように。

相手が主導権を握った場合も、この挨拶のルールは適用できる。その場合も、あなたは態度を調整し、アイコンタクトをとり、笑顔を見せ、オープン・ボディ・ランゲージを心がけ、相手に同調することを忘れずに。

なお、挨拶をするときはできれば立ち上がって。仕事中であれば、席を立って訪問者のほうに近づいてから挨拶する。相手がクライアントでも、新しく配属された同僚でも同じことだ。

自分の心臓を相手に向けるような姿勢をとる。こうすることで、相手とのあいだのバリアが取り除かれ、心を開いて会話を始められる。もし立ち上がるのが適切でないなら、立たなくても結構。臨機応変に対応すればよい。

世間話を積極的にする

世間話は特別意味のない気軽な会話だ。だがそれがあるだけで、互いによく知らない者同士が対立せずに安全な形で親しくなれる。しかも難しいことではない。

たとえば天気について、こちらから柔らかい球を投げて会話のキャッチボールを始めればいい。どこから通勤しているのか尋ねても、スポーツや近所で起こった出来事を話題にしてもいい。ちょっと変わった服やアクセサリーを褒めるだけでもいい。

少し親しくなってきたら、暇な時間は何をしているのか尋ねてもいい。有名人の最近のスキャンダルやベストセラーになった本、最新の映画を話題にしてもいい。素敵なセリフで会話を始めようなどと悩む必要はない。何か言ったあとに、「そうですよね？」と付け加えればいいだけだ。

話題は軽いものを選んだほうがいい。政治や性に関する話題は避けるのが無難だ。ちょっとしたヒントや無料の情報（197ページ参照）を拾いあげよう。

お互いについてすでに知っていることを掘り下げてもいい。知っている人の名前を出して、共通の知り合いを探すのもいい。**相手に心から関心をもっているのだと示すことが肝心だ。**

たまには口を閉じて、相手の話を聞くこと。相手が話しているときは、しっかり耳を傾けて、アイコンタクトを忘れずに。

人を紹介する

あなたの上司を、親しくしているメディアの担当者に紹介する。あるいは、製造工程の改善を図りたいと考えているクライアントに、手伝いができる誰かを紹介する。そうすれば、あなた自身のパーソナルキャピタル（自分資産）を増やすことができる。人を紹介することによって誰かに便宜を図ることができるようになれば、あなたは機転が利き社交に長けた人物として人の目に留まるようになる。

人を紹介するのがうまい人間になろう。そうすれば、その他大勢から抜け出し、信頼度の高い人物という評価を受けることになる。マルドゥーンの言葉を紹介しよう。

紹介はビジネスの重要な要素だ。これを優雅にこなせるようになれば、洗練されたビジネスのプロと証明されたようなものだ。

人を誰かに紹介するとき、けっして両者を待たせてはいけない。相手に近づき、さっさと両者を引き合わせよう。

また両者の名前を知っていればいいというものではなく、ビジネス上のエチケットとして、双方の序列を考慮しないといけない。

地位の低い人を高い人に紹介する際には、

「社長、ブルース・ハリス君を紹介します」

が正解。

間違っても、

「ブルース・ハリス君、社長を紹介するよ」

なんてことのないように。階級を考慮しなくてもよい場合は、年齢の低い人を高い人に紹介するようにしよう。

またグループのなかで紹介し合う場合、そのなかに自分の知らない人がいたら、自分からイニシアチブをとろう。まず自己紹介をして、こう言う。

「私は○○と申します。初めてお会いしますよね」

そして、今知り合ったばかりの人も紹介の輪のなかに交えるといい。

紹介を頼む

何かの会合で以前から会いたかった人を見つけたら、主催者か共通の友人に紹介を頼んでみよう。前もってあなたの名前、出身地、仕事など、相手が興味をもってくれそうなことは何でも伝えておこう。

あなたの情報が盛り込まれた紹介は、ただ単に「○○さん、こちらは××さんです」というだけの紹介よりもずっと効果があるはずだ。

相手にもっと印象づけたい場合は、事前に紹介者に頼んで、あなたが会いたい人について情報（プライベートなこと以外で）をひとつふたつ仕入れておこう。そうすれば、相手と知り合いになれたときに、こんなふうに話を切りだせるだろう。

「ピーターから聞いたのですが、先月グアテマラを自転車で旅行されたんですってね。何が一番大変でした？　どういうきっかけで出かけられたのですか？」

そうすれば世間話をしなくても、より早く相手のふところへ入っていける。

ためらわずに自己紹介する

会合、ランチ、交流会、資金集めのイベント、クラスなど、つねに誰かを紹介してくれる人や、うちとけた雰囲気のなかで交流ができる場があれば、理想的だ。このような環境を〝クローズド・フィールド〟と呼ぶ。そこでは、誰もが知らない人と出会うチャンスがあり、それを期待できる。

快適なクローズド・フィールドでの出会いなら、共通の知人に相手を紹介してもらえるので、会話のきっかけも自然に見つかる。「ボブとはどういうお知り合いですか？」「どうしてこのプロジェクトに参加されたのですか？」といった具合だ。こうした出会いでは相手と趣味や価値観、嗜好が共通していることも多く、一気に信頼関係が生まれる。

一方で、以前から会いたかった人を〝オープン・フィールド〟（コンベンションや商品説明会、ホテルのラウンジ、通勤電車など）で見かけた場合には、ひるんでしまう人が多い。

そもそも、私たちは幼い頃から親に知らない人には話しかけるなと教えられてきた。けれども、今すぐ行動しなければ二度とその人には会えないという場面は、いくらでもある。〝オープン・フィールド〟で個人対個人のつながりを自然につくるための簡単なガイドラインを、ここで紹介しよう。

①**3秒ルール……**考えすぎてはダメ！ 話しかけたい相手を見かけたら、心のなかで「1、2、3」と数え、ためらわずに近づいていく。ポイントは3秒で動きだすこと。脳に言い訳を考える余地を与えてはダメだ。
オープン・ボディ・ランゲージを忘れずに（腕を組んだり、ポケットに手を突っ込んだりしない）、3つ数えたら、心を落ちつけて相手に近づいていこう。

②**とにかく話しかける……**その場に合ったさりげない話題（その街の特徴や天気の話など）から入ろう。そして、オープン・クエスチョン（誰が〈Who〉、何を〈What〉、どこで〈Where〉、いつ〈When〉、なぜ〈Why〉、どうやって〈How〉で始まる質問）につなげる。

ここでの目的は、お互いのことに直接関わらない話題を選ぶこと。

③信頼を築く……コミュニケーションの回線がひらいたら、あなたが誠実であるところを見せ、いちはやく信頼を得ること。信頼を築く一番の方法は、あなたの仕事の内容や出身校、あるいは自分のコミュニティに関係することについて話し、そのイベントとあなたのつながりを知ってもらうことだ。たとえばこんなふうに。

「うちはモントリオールにオフィスがあって、ここにはほぼ毎年来るんです」

④共通点を探す……「私もです」（あるいは、「何という偶然!」「あなたの口からそんな言葉が聞けるとは!」）と言えるチャンスを探す。ただし正直に。

⑤評価……相手が話に興味をもっているかを判断するには、20秒も話せば充分だ。相手があまり興味をもっていないようなら、失礼にならないように会話をやめる。ここでがっかりすることはない。平然としていよう。結果に執着してはいけない。

⑥**同調**……相手とつながりができたと感じたら、相手の姿勢や声の特徴（トーンや大きさ、話すスピード）をさりげなくまねることで、つながりを強くしよう。静かな口調でゆっくりと話す相手なら、あなたも同じように話せばいい。

⑦**約束**……会話が2分以上続いたら、その人とは次にどこで会っても大丈夫だし、電話番号やメールアドレスを尋ねることもできる。単刀直入に訊くのがいやなら、話題にのぼったなかのひとつに注意を向け、もしメールアドレスを教えてくれたらそれについての情報をお送りしますよと申し出る。

連絡先を尋ねる際は、平静さを保ったまま相手の目を見つめよう。相手が応じてくれたら、メモをとるか、名刺を交換する。もし断られたら、「お話しできて楽しかったです」と丁寧に言って、自信を失わずに自分の仕事を続けよう。

エクササイズ 9

さあ話しかけてみよう

次のそれぞれのシナリオにおいて、相手にどんな言葉をかければいいかを考えてみよう。まずは会話のきっかけをつかみ、オープン・クエスチョンにつなげる。

①店を出たら、雨が降っている。あなたと同じように傘をもっておらず、庇の下で雨がやむのを待っている人に話しかけようと思い、「1、2、3」と数えて……

②仕事中、あまりにも天気がいいので、あなたは外に出て休憩をとることにする。そこで、初めて見る新入社員に気づいたあなたは、「1、2、3」と数えて……

③通勤途中、コーヒーを買おうと立ち寄った店で、あなたは別の部署の顔見知りを見つける。そこで、あなたは「1、2、3」と数えて……

相手に関する情報を手に入れる

私たちは本来、相手の行為に同調したり、同じ行為を返したりする傾向がある。やり方はさまざまだが、そこで無料の情報を手に入れることもできる。

ビジネスの場面では、私が「おはよう」と言ったら、おそらくあなたも「おはよう」と返してくれるだろう。

では、握手をしながら「おはようございます。ジェフです」と言ったらどうだろう？あなたもこれに相当する情報を返してくれるはずだ。「おはようございます、ジャネットです」というように。

もしあなたが「こんにちは」だけで、名前を教えてくれなかったら、私はもの問いたげな表情を見せたり、「お名前は？」と尋ねたりして、あなたに名乗るよう促すだろう。

これがテニスの試合だったら、ちょうどボールが相手のコートに打ち込まれたところだ。相手は自分がボールを打ち返すことを期待されているとわかっていて、自然にそうする。

あるいは、あなたが相手にそれを促してもいい。要は、相手が返してくれればいいのだ。

そうして考えると、**常識的な範囲で、あなたの自己紹介のなかにいくつものきっかけを含ませておくことができる。**

「こんにちは、ジェフと申します。ビーバートンに住んでいて、この会合のことは地元紙で読みました」

これで相手は同じように自分の情報を返してくるだろうし、あるいはあなたが言葉を促して、返事をせがんでみてもよい。その結果、相手の情報が得られ、それによって会話がさらにはずみ、心を通わすことができるのだ。

相手の名前を思い出す方法

会社が全国や世界規模にまで成長すると、大勢が集まる場で相手の名前がどう頑張っても思い出せないという、ぞっとするような経験を味わったことのある人も多いだろう。

以前に会ったことはあるが、名前を思い出せない人と顔を合わせたら、**自分から先手を取ってもう一度自己紹介しよう。**そのあいだに相手についての記憶を呼び起こす。

たとえばこんなふうに。

「おはようございます。エリザベス・デイヴィスです。先日、クーガー・グローバルの新作発表会でお会いしましたね。またお会いできてうれしいです」

相手との共通点を見つける

瞬時にラポール（信頼関係）を築こうとするとき、そのプロセスの核となるのは相手との共通点を探すことだ。好きな映画やファッション、バカンスの過ごし方、グルメ、好きなテレビ番組、サッカー、スカイダイビングなど、共通点を発見すれば、互いのあいだにきずなが見つかる。

よく似た言葉を使ったり、同じような経験をしていたりして、互いを昔から知っていたような感覚が強まり、相手をより理解し、信頼できるようになる。

共通点を見つけるのが早ければ、それだけ早くラポールを築くことができる。

「雨が降りそうですね」「レッドソックスは好きですか？」といったありふれた問いかけは思い切って卒業し、世間話のほんの一部をうまく活用して、テーマを決めよう。

「あの会社がエンジンプラントの設備を一新したおかげで、うちは予定がいっぱいいっぱいですよ。御社も何か影響ありましたか？」

互いに関係するエンジンプラントがなくても、相手から話を引きだす一番簡単な方法は、**「○○についてどう思いますか？」**という質問をすることだ。

あなたが何かのコンベンションに参加しているなら、交通手段やホテル、開催時間、会場の印象などについて相手の意見を尋ねてみるといい。

「こちらへは初めてですか？　どんな印象をもたれました？」「展望台からの眺めをどう思います？」といったように、会話が生まれるような質問をする。

また、ラポールを築くもうひとつの効果的な質問は、**「始めたきっかけは何ですか？」**というものだ。

たとえば、「販売を始めたきっかけは何ですか？」「どうやって金融の道へ進まれたのですか？」といったように。これについては誰もがストーリーをもっているので、ほぼ確実に会話が始まる。

共通点が見つかったら、ただちに、どの方向に話をもっていくか、どんなスピードで話を進めるか、どの程度まで話を広げられるかを考える。ここまできたら、少しリラックスしてくるだろう。

エクササイズ 10

イマジネーションに訴えかける質問をしよう

奇をてらった質問や変わった質問でなくていい。ただ、「ここに来たことがありますか?」といったクローズド・クエスチョンではいけない。「このコンベンション会場をどう思いますか?」のような質問がいい。これをトランス・クエスチョンと呼ぶ。一瞬、相手は答えを探そうとボーッとするからだ。

相手がイマジネーションの世界に入ると、面白いことが起こる。ある種の親密感が湧くのだ。相手が心のなかで見えたもの、聞こえたもの、感じたもの、味わったもの、匂いを感じたものと同じものをあなたも見て、聞いて、感じて、味わって、さらに匂いも感じてくれていると錯覚するのだ。

人それぞれ違った感性をもっているので、誰に対しても同じ質問が使えるわけではないが、効果的な質問をせいぜい3、4種類用意しておけば、それだけで心が通じ合える人の多さにきっと驚くことだろう。

第10章

質問と会話の技術を身につけよう

ベンジャミン・ディズレーリは33歳のときイギリス下院議員となり、64歳で首相となった。彼の政敵で四期首相を務めたウィリアム・グラッドストンは、演説がうまい政治家として知られていた。

ある日、グラッドストンは一人の若い女性と夕食をともにした。翌日、同じ女性が今度はディズレーリとともに夕食をとった。この二人の著名な政治家から受けた印象をのちに訊かれて、その女性はこう答えた。

「グラッドストンとの夕食のあと、私は思った。『彼はイギリスで一番聡明な人だ』と。ディズレーリとの夕食のあと、私は思った。『私はイギリスで一番聡明だ』と」

ディズレーリは、カリスマ性を放ちながら好印象を与える3つの態度――〝熱意にあふれ〟〝好奇心が強く〟かつ〝謙虚さ〟を見せた。

一方、グラッドストンは〝謙虚さ〟を忘れていた。インタビュー番組で、インタビュアーがゲストよりもたくさん喋っているのを見たことがあるだろうか？　そんなものは退屈で、見ていてイライラするはずだ。

人と上手につながりをつくるためのグラウンドルールは、インタビューの場合とほとんど同じだ――**相手に喋らせる、焦点をはずさない、相手をよく観察する、相手の話をしっかり聴く、フィードバックを与えさらに相手の話を促す、話すよりも聞くことを心がける。**

別れ際、自分はなんて面白い人間なんだと相手に思わせれば最高だ。

あなたのビジネス会話はテニス型？　ゴルフ型？

組織のなかでは、会話が人々をくっつける接着剤の役割を果たしている。

CNNが「あなたはビジネス会話にどの程度自信がありますか？」という世論調査を行った。回答欄には3つの選択肢を用意したところ、3537人の回答者のうち、30％が「ドアノブに手をかけたままいくらでも話が続けられる」を選び、48％が「うまく会話ができる場合もあるが、ほとんど運しだいだ」を選び、22％が「いつも会話には苦労している。顔がこわばり、口ごもってしまう」を選んだ。

同じ質問をあなた自身にも問いかけてほしい。

「私の会話は言葉が行き交うテニス型だろうか？」

「それとも、みんなが同じ穴をめざし、成績をつけるときだけ集まるゴルフ型だろうか？」

つねに一人でボールを打つことにうんざりしているのなら、まわりを見まわしてみよう。あなたにテニス型の会話を教えてくれる人がたくさんいるはずだ。

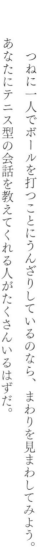

話がはずむようなオープン・クエスチョンを投げかける

私は何百回とインタビューを受けてきたが、機会があれば必ずインタビュアーに相手をしゃべらせる秘訣を尋ねるようにしている。インタビュアーが新聞や雑誌のジャーナリストであろうと、ラジオのパーソナリティであろうと、テレビのキャスターであろうと、あまり関係ない。みな同じ答えを返してくる。

「質問は会話の点火プラグです。とくにオープン・クエスチョンが有効。誰が〈Who〉、何を〈What〉、どこで〈Where〉、いつ〈When〉、なぜ〈Why〉、どうやって〈How〉で始まるオープン・クエスチョンはいずれも、会話の口火を切る役割をもち、相手をイマジネーションの世界に導きます。それに対して、『あなたは○○ですか？』『△△しましたか？』『□□したことがありますか？』と聞き、『はい』か『いいえ』で答えるクローズド・クエスチョンは、相手を黙らせてしまう。**オープン・クエスチョンは心と感情に訴えかけ、クローズド・クエスチョンは頭と論理に訴えかけるものなんです**」

確かにそうだ。ならば、話がうまく転がるような質問を考えなくてはいけない。


「その店に誰がいましたか？」

「店に行く途中で何をしましたか？」

「なぜその店に行ったのですか？」

「その店はどこにあるのですか？」

「どうやってその店まで行ったのですか？」


どのオープン・クエスチョンも相手に記憶をたぐらせ、頭のなかで自分の体験を再生させる。説明の内容が面白く、感覚や想像力に訴えてくるようなものであるほど、相手が興味深い人物に見え、会話（や互いのつながり）が良いものになる。

質問を投げかけ、相手のセンスを引きだすことによって、あなたもディズレーリのように、自分が世界で一番聡明な人間だと相手に思わせることができる。

実際には、税関職員のようにぶっきらぼうな質問を次から次へと投げかければいいというものではない。もっとソフトなアプローチが必要だ。私が通りで見知らぬ人たちに話しかけたことを思い出してほしい。

最初に**「ちょっとお尋ねしてもいいですか？」**と前置きすることで、ソフトな導入を心がけた。日常的なやりとりのなかで、簡単にこれを実行するには、場所や場面について共通に持ち合わせている話題を誘い水にするとよい。

「昨年より出展が増えているようですね。御社はいかがですか？」

「この店周辺の道路整備の状態からして、道中はいかがでしたか？」

「みなさん、楽しそうにお話しされているようですね。こうした懇親会をもっと頻繁に開くというのはどうでしょう？」

相手のイマジネーションを刺激し、会話が盛り上がる質問をする

会話を盛り上げるもうひとつの方法は、イマジネーションに直接指令を与えることだ。**「○○について教えてください（話を聞かせてください）」**

「先日の旅行の話を聞かせてください」「4階に来た新人について教えてよ」というように、○○の部分を埋めればいいだけだ。

相手に意見を求めたり、何かについて教えてほしいと頼んだりする場合、テニスにたとえれば、あなたが相手のコートにボールを打ち込むことになる。

相手がボールを打ち返してきたら、〝ポインター〟に着目し、そのうちもっともわかりやすいものをひとつ選び出す。ポインターとは、あなたが会話のなかから拾い上げ、相手に打ち返す言葉のこと。そうやって会話の舵をとり、焦点を合わせるのだ。

最近私がある中規模企業のＣＦＯ（最高財務責任者）と交わした会話を紹介しよう。

そのなかでポインターとなる言葉を傍線で示しておく。

「御社の返品条件はどうなっていますか？」と私が尋ねた。

「まずはじめに、当社ではこの6月に商品保管手順を変更せざるをえなくなりました。というのも、取引先の運送会社が新しい重量制限を設けてきたからです」

彼はため息をつきながら頭を振った。

「おかげで、出荷担当者は頭痛の絶えない毎日です」

「出荷担当者はどうやってその変更に対応しているのですか？」


こうして会話は広がっていった。それから数分間、私はその企業の人事問題、問題解決戦略、思うように事が進まないさまざまな事情を聞いた。

私は熱心な態度で相手の話を聞き、いくつかの質問とフィードバック——何度かうなずき、一、二度「はい」とあいづちをうち、ある箇所で一度肩をすくめた——を返すことで、ボールが生きた状態を保った。しばらく会話を続け、多くの情報を得た。

去り際、そのCFOはきっとこの部屋のなかで自分が一番面白い人間だと確信していただろう。

質問に質問で答える

私の友人ジョージは、全国一の規模を誇るコンサルティング会社の人事部長だ。年齢が40を超えた彼の悩みは、若手のスタッフとうまく会話ができないことだった。

このまま出世の道を歩みたいなら、人間関係をうまく築かないといけない。共通点の少ない人たちと心を通わせる方法として、彼の友人が、質問に質問で答えるテクニックを教えてくれた。

ジョージは、次の会社の保養先をどこにするかを決めるため、スタッフのうちの2人と軽いミーティングを開いた。

「今年は街から遠くないところにしてはどうでしょうか？」とデールが言った。

「ランカスターはどうだろう？」とジョージが尋ねた。最近になって、ランカスターはダウンタウンの古ぼけた安宿からおしゃれなホテルに姿を変えていた。

「いいですね。でも350人も収容できるでしょうか？」とジャッキーが言った。

「それはどうすればわかるだろうか？」とジョージが答えた。

「ホテルに行って、確認すればいいんですよ」とデールが提案した。

「今年も9月にしようと思うんだが、何か意見は？」ジョージが尋ねた。

「9月なら郊外がいいですよ」とジャッキーが言った。

「ボールダーズはどうですか？　古き良き時代といった雰囲気ですよ」

「古き良き時代を懐かしむような歳じゃないだろ」デールが皮肉まじりに言った。

「楽しみたい人たちにとってはいい場所だと思ったのよ」ジャッキーがかみついた。

「楽しむことを目的にするなら、ラスベガスを検討すべきじゃないかい？」とジョージはにやりと笑いながら尋ねた。あとの2人はジョージを見て一瞬驚いていたが、やがて声をたてて笑いだした。ジョージも一緒に笑っていた。

「会話がはずんでいる。良かった」ジョージはそう思った。

「われわれはチームになった。私もその一員だ」


人と心を通わせる方法として、質問に質問で答えるテクニックをはじめて聞いたとき、ジョージは冗談だろうと思った。今それを試してみて、これはすばらしい方法だと思っている。若いスタッフと良い関係が築けただけでなく、すばらしいアイデアがいくつも飛び出してきたのだから。

エクササイズ 11

質問だけの会話をしてみよう

友人と、質問に質問で答える会話をしてみてほしい。会話のスキルに磨きがかかること請け合いだ。

また別の日に、同僚に何か質問されたら、必ず質問で答えてみよう。失敗したってかまわない。あなたのチャレンジに気づく人はいないから。

〝おしゃべり〟という技術を身につける

出会って数分たつと、会話に少しはずみがついたと感じる瞬間があるだろう。この瞬間が、それとなく相手のことを知ろうとする会話から、少し踏み込んだ会話へと移行するタイミングだ。

このとき、態度や心構えも変化させたほうがいい。事実を語り合うだけの〝ファクト・トーク〟から〝おしゃべり〟とでもいうべきものへと移行するのだ。〝ファクト・トーク〟と〝おしゃべり〟とのあいだには、質的な違いがある。

事実を話すだけの人は相手の論理的で分析的な側面に訴えかけるが、おしゃべりの達人は相手の五感やイマジネーションに訴えかける。おしゃべりの達人は会話が親密で心地よく、ときにゴシップに満ちていることもある。

おしゃべりの達人は、誰が〈Who〉、何を〈What〉、どこで〈Where〉、いつ〈When〉、なぜ〈Why〉、どうやって〈How〉というマジックワードを使って、感情

のこもった反応を引き出す。

ファクト・トーカーは同じマジックワードを使って情報を引き出す。**おしゃべりの達人は相手の五感に訴える。**「○○をどう感じますか？」「どう見えますか？」「どう聞こえますか？」のように。

雰囲気を和らげる言葉やうまくぼかした言葉を使って、相手が話に乗ってくるようにうまく仕向ける。「この仕事、どうすればうまくいくのかわかります？」「あなたの第一印象はどうでした？」「どうしてあそこに建てるべきだと思うのか、もう一度聞かせてください」

おしゃべりの達人は、出だしのセリフで話を相手のイマジネーションに直接届けてしまう。ときにうなずいたり、軽く身体を揺すったりして相手の反応をうまく捉え、さらに促す。達人がその手を使うと、相手とのきずなが一層強まる。ファクト・トーカーは、情報に重きを置くため、会話は必然的に行き詰まり、一人テニスをすることになる。

おしゃべりの達人は焦点をはずさない

おしゃべりの達人は、言葉を上手にぼかし、穏やかなボディ・ランゲージを使うものの、つねに自分が望む結果をしっかりと見据えている。

たとえ相手をあっちこっち振りまわしたとしても、つねに自分が定めたゴールをしっかりと心に据えている。どんなときも〝KFC〟をうまく活用しているのだ。

アメリカ中西部にある中規模メーカーのCEOを務めるアビゲイルという女性のケースを紹介しよう。

私はコンサルティングの仕事でその会社に雇われていた。アビゲイルは私をインフォーマルなスタッフミーティングに招き、その様子を観察させた。ミーティングは、その月の進捗を見直し、将来の計画を立てるために設けられたものだった。

アビゲイルは会社のマネジメントチームの前で、マネジャーたちからの質問を穏やかに受けていた。来年度の目標達成に向けての対処方法について、アビゲイルがマネジャーたちから聞き出したことは、マネジャーたちが彼女から聞きだしたことよりもずっと多かった。それは、水面下で彼女がそのおしゃべりの才能を発揮したせいだった。

アビゲイルはその場のうちとけた雰囲気を利用して、輸送部長を務めるマイクの緊張をほぐしてやった。

「おめでとう、マイク。今月はすごいわね。あなたのレポートが楽しみだわ」

「ありがとうございます」

とマイクが答えた。

「ご存じでしょうが、うちの部署は注文の品を出荷するのにそこらじゅう走り回っている状態で、正式なレポートを書く暇がありませんでした。この場で報告してもかまわないでしょうか？」

アビゲイルは笑みを浮かべ、思案ありげに軽くうなずいた。そして、穏やかな声でこう答えた。

「あいにく、それでは困るのよ。二つ理由があるわ。第一に、あなたの部下がそんなにぎりぎりの状態で働いているのなら、暴動を起こしかねないわ。レポートは、顧客満足度の具体的な数字を示すだけじゃなく、こうしたプレッシャーのなかでスタッフの士気がどう持ちこたえてきたかを私たちに教えてくれることになるの。第二に、あなたの部署に少し応援を出せばなんとかしのげるような印象を受けたけれど、あなたが求めなければ応援も何も出せないわ。次のミーティングまでにレポートを準備できそう？」

このミーティングの目的は、会社がその時点でどんな状況にあるかを包括的に、かつ深く掘り下げてみること、そしてその情報と彼女とのあいだにいる、たとえばマイクのような人間に注意を向けることだと、アビゲイルにはわかっていた。

エクササイズ 12

会話で焦点をはずさない練習をしてみよう

友だちとこんな練習をやってみよう。一人がA、もう一人はBとする。AがBに尋ねる。「あなたのお仕事について教えてください」

Bの役割はできるだけすばやくテーマからはずれること。Aの役割はテーマからはずれたことにできるだけ早く気づき、Bが言ったフレーズを使ってBの話を元のテーマに戻すことだ。

たとえば――

A「あなたのお仕事について教えてください」

B「私は写真機材を販売しています。子どもの頃から、遠くの景色をよく見つめていて……」

A「景色を見るって素敵ですね。お仕事にも何か影響していますか？」

3分やったら、役割を交替しよう。露骨すぎても気にすることはない。

この演習のポイントは、あなたや話し相手が話題から大きくはずれて取り留めがなくなっていることに気づくことだ。

目の前の相手に意識を集中する

会話では、相手とのつながりを維持するために、声とともにボディ・ランゲージも使って、あなたが相手の話を理解していること、相手に興味をもっていることを示すことが大切だ。

おしゃべりが下手な人の典型は、会話中けっして相手の目を見ず、相手の肩越しに、より大きな取引ができそうな重要人物はいないかとつねに探している。そして、誰かにつかまると機嫌が悪くなるタイプだ。

おしゃべりの達人は、今目の前にいる人の目を見て、しっかりと話を聞き、つねに相手に意識を集中している。親密感を育て、それを維持していくことで、相手を大切に思っている気持ちが相手に浸透するのである。

第11章

相手の関心を惹くアプローチを見つけよう

ここまでかなりの時間を割いて、言葉やそれ以外の手段を使って誰かと有意義なつながりを築く方法を学んできた。また、あなたのアイデアや目的を、説得力のあるメッセージにつくり込む方法も見てきた。

ここからは、そのメッセージを相手に届けるためのルートを考えてみよう。これは、あなたやあなたのアイデアを信頼し受け入れてもらうのに、とても有効だ。けれども、アプローチを間違えると、恐ろしいほどの時間とチャンスが無駄になる。

麺類を食べる方法はいくつもある――フォークを使う、箸を使う、手でつかむ、等々。うれしい知らせを届ける方法もたくさんある――FAX、会って直接話す、飛行機を使った空からのメッセージ、等々。アプローチの数はこのように、あなたの想像力に応じて、いくらでも膨らむ。秘訣は、状況を的確に読む方法を知り、正しい針路をとることだ。

正しい針路をとるには、相手（個人であれグループであれ）の心理状態を知ることが不可欠だ。本書ではここまで、自分の態度を状況に合わせて整えることの威力を話してきたが、**人とうまく心が通い合うかどうかは、相手の態度、もっと正確に言うなら、相手の心の状態を導き、整える能力にかかっている。**

相手の心の状態を〝無関心〟から〝熱中〟へと導く

たとえば、あなたがオフィス内での製品情報の共有方法を合理化し改善するためのアイデアを思いつき、上司を説得してそのシステムを採用させようとしているとする。

人をある心の状態からまったく別の心の状態に移行させるのは、なかなか難しい。たとえば、無関心な状態（「忙しいんだ。ほかにやることがいっぱいあってね。あとでいいだろ？」）から、一挙に興奮状態（「すばらしいアイデアだ。さっそく取りかかろう！」）へと移行させようとしても、おそらく壁にぶつかるだろう。

ずいぶん前に、神経言語プログラミング（NLP）の生みの親、リチャード・バンドラー博士とジョン・グリンダー博士が、説得の上手な人が使う行動プロセスを突きとめた。

博士たちは説得者が何をやっているかだけでなく、どうやって説得を成し遂げているかを解明した。つまり、説得の上手な人は、意図的であれ無意識であれ、望む結果に到達するために、3つか4つの心の状態をつないでいることを発見したのだ。

具体的にいうと、状態A（無関心）から状態D（熱中）へとダイレクトにつなぐのではなく、相手を状態Aから状態B、C、Dへと導いていくのだ。

つまり、説得のうまい人は、相手を無関心な状態からまず好奇心をもった状態（B）へ、次に心をひらいた状態（C）へと導き、最後に相手を熱中させる（D）。

これは〝リンキング・ステイト（心の状態の連結）〟と呼ばれ、人々の心をあなたやあなたのアイデアにつなぐ強力な方法である。

まずは最初にめざす心の状態（B）にあなた自身を置く。ここで、あなたの自己一致ができていないと説得はうまくいかない。自分自身を好奇心をもった状態（B）に置くと、あなたのボディ・ランゲージ、声のトーン、言葉の選択が相手に伝染する。

感情を、好奇心をもった状態、心をひらいた状態、熱中した状態へと何度も循環させてみよう。一つの状態に10秒ずつかけてみる。この訓練によって、心の状態――あなた自身ではなく相手の状態――をつなげるのに必要な態度や行動の柔軟性が身につくだろう。

イマジネーションにはたらきかけて相手を引きこむ

他人に自分のアイデアを聞いてもらうために心の状態をつないでいった例として、ジョアンナのケースを紹介しよう。ジョアンナは上司のマックスが電車で通勤していることを知っていて、しかも、会話を仕掛けるには質問が有効であることも心得ていた。

マックスは机に向かっている。

「マックス、今朝は電車で来られたのですか？」

「そうだよ」

「その電車の運転手に会ったことはありますか？　私はないんです。でも、今朝、電車に乗って、通り過ぎる車や人や建物を見ながら、毎朝何千人もの人がまったく知らない人に命を委ねているなんて不思議だなって思ったんです。私たちはつねにそういうことをしているんですよね。他人を信頼して、通勤電車に乗ったり、子どもの面倒を見てもらったり、食事をつくってもらったり……。

でも人を信頼することは、私たちの生活に無限の可能性をもたらします。エキゾチックなレストランで新しい香辛料を試したり、飛行機に乗って太陽がさんさんと降り注ぐ南の島へ行ったり、家族と一緒にジェットコースターに乗ったり、まだまだたくさん。どんなもののなかにも多くの可能性があって、それは職場にも言えることです。

そこで聞いていただきたいのですが、私がここへ来たのはこの可能性についてお話しするためです。何人か優秀な若者をインターンとして雇い、雑多な仕事を手伝ってもらったら、アシスタントにもっと大事な仕事を任せて、私たちは新しいビジネスを生みだす仕事に時間をかけられるようになります。**想像してみてください、6ヵ月後**

……」

今あなたは文字だけを読んでいる。ボディ・ランゲージ、顔の表情、声のトーン、声の大きさ、いずれもわからない。ましてや、心の状態もわからない。

それでも、いったんジョアンナがその気分に入り込んだら、自身のメッセージを純粋で心のこもったやり方で伝え、その心の作用を上司に伝染させるのは簡単なことだというのが想像できるだろう。彼女は相手を説得しやすいように心の状態を移行し、それから原因と結果について述べ、そしてすべてのことを「想像してみてください、6ヵ月後……」という言葉で未来へつなげた。

上司のイマジネーションを活用し、相手をうまく巻き込む見事なやり方だ。これだけのことにかかった時間は90秒以下。これが上手なコミュニケーションの秘訣なのだ。

マーティン・ルーサー・キング・ジュニア、ウィンストン・チャーチル、エレノア・ルーズベルト、フランクリン・D・ルーズベルト、ジョン・F・ケネディ、ネルソン・マンデラといった優れたコミュニケーターが国民の心を動かしたスピーチを聞いてみよう。そして、彼らが聴衆を奮起させた心の状態はどんなものだったかを見きわめてみよう。

チャーチルの堂々とした様子を見たら、あなたもきっとそんな気分になっただろう。彼が腹を立てているように振る舞えば、あなたもまた怒りが湧いてきただろう。マーティン・ルーサー・キング・ジュニアが「私は山の頂に登ってきた」と言えば、あなたの魂も彼とともに高みに登ったはずだ。

今度あなたがあるアイデアで誰かを興奮させたいと思ったら、相手を興奮状態へとつなぐ心の状態を、事前に3つか4つ考えておこう。あなたが望む結果は、w・i・nでなければいけない。そうでなければ、相手の抵抗に遭うだろう。

ジョアンナは上司との会話を質問と2つの〝明確な事実〟で始めた。つまり、最初から事実だとわかっている質問もしくは発言だ——「はい（彼は電車で通勤している）」「いいえ（彼は運転手を知らない）」。〝明確な事実〟は、相手を話に引き込み、即座に同意を得られるというダブルの効果がある。

この〝リンキング・ステイト〟テクニックは、日常生活のどんな場面でも練習ができる。たとえば、デートやミーティングの最中でも、パーティの席上でも、ピザを注文するときでも、図書館で本を借りるときでもOKだ。

一風変わったテクニックのように思うかもしれないが、想像するよりずっと簡単だ。ある程度までは、あなたもすでにやっている。だから、生まれもった能力を高めるだけでいいのだ。〝リンキング・ステイト〟テクニックが第二の天性になり、あなたの説明スタイルの一部になるまで、それほど時間はかからないだろう。

これから、日常的なビジネスの場での実践例をいくつか見てみよう。職探し、電話でのビジネス、社交の場という3つのケースをそれぞれ順を追って紹介する。心の状態をつなげるテクニックについて学んだことを、つねにあなたの心の奥にとどめておこう。なぜなら、どんな状況でも、あなたの目的を果たすのに役立ってくれるはずだから。

転職のためのコネクションをつくる
――実践〝リンキング・ステイト〟テクニック①

たとえば、あなたが仕事を変える準備をしているとする。あなたならどういう手段で次の仕事を探すだろうか？　私の古い友人アルフレッドのケースが参考になるかもしれない。

アルフレッドは貯蓄貸付会社の副社長を務めていたが、会社が売りに出され、職を失った。だが、人とのコネクションづくりの才能は失われていなかった。そして、そのコネクションをどう活かせばいいかも心得ていた。

3週間のうちに、アルフレッドは、求職に力を貸せるという人間を134人集めた。彼はそのうちの37人と会い、仕事のオファーを3件取りつけた。アルフレッドがネットワークづくりの方法をよく知っていたからこそ、このような結果が得られたのだ。

アルフレッドの計画は2つのステップに分かれていた。第一ステップは、できるだけ多くの人と直接会うこと。第2ステップは、直接会った一人ひとりからそれぞれ2件の紹介状をもらうことだった。まずは直接の知り合いに電話をかけた。

「ちょっと話したいことがあるんだ。今、職を探していてね。仕事を世話してくれとは言わないから、連絡できるような人物を二人ほど紹介してくれないか。知っていると思うが……」［ここで、アルフレッドは10秒コマーシャルを差し挟み、さらに自身の信用度を示した］。それから、君の名前を保証人ではなく、紹介者として出したいんだ。頼みたいのはそれだけだ」

そして、紹介された相手に電話をするときには、こう言った。

「朝食でもランチでもディナーでも、夜中のコーヒーでも結構です。一度直接お会いいただけませんか？」

電話の目的は、相手に「いいですよ、お会いしましょう」と言わせることだった。

アルフレッドがやったのは、自分をさらけ出すことだった。**電話をかけたり、直接会ったりするのは、自分のセールスポイントを売り込むチャンスなのだ。**アルフレッドは紹介状をくれと頼んだだけなので、相手は仕事を世話しなければいけないというプレッシャーをほとんど感じなかった。

5年後には、アルフレッドは元の地位より高いところにいた——国立抵当銀行の頭取になったのだ。彼は今でも新しいコネクションをつくり続けている。

電話でうまく仕事を進める
――実践〝リンキング・ステイト〟テクニック②

電話ではボディ・ランゲージが伝わらない。電話で話すときに相手が何を考え、何を感じているかを知る手がかりは、言葉と声のトーンだけだ。それは相手にとっても同じこと。だから、あなたの言葉がどう聞こえているか、どう伝わっているかということに気を配らないといけない。

あなたが不安を感じていれば緊張感が声にあらわれ、相手も同じように感じる。電話の相手を気遣う気持ちがあるなら、電話をかける前に自分の態度を調整しておこう。

これから、同じ会社の違う部署にいる、デニスとビルの電話での会話を聞いてほしい。二人はお互いをほとんど知らなかったのだが、この電話が状況を一変させた。

「もしもし、ビル。アドバンスト・アプリケーション部のデニス・エヴァンズだ」

デニスの声はうわずっており、言葉が追い立てられるように受話器から飛び出してくる。

「わかった、わかった」

ビルはあえてゆっくりと答えた。

デニスの言葉が次々と繰り出される。

「なんで今こんなことをやっているのかわからないよ。まわりの連中はみな休暇をとってるというのに。とにかくわれわれは着メロを売って儲けようっていうアイデアを出した。そして、それをやってくれる人間も見つけた。あとは法務部のあんたたちに彼と契約を結んでもらうだけなんだ。営業部のクリスティーンに大丈夫だって約束しなくちゃいけない。彼女から社長に契約書を渡してもらうんでね。だから、明日には契約書が必要なんだ」

デニスは息をつくこともなく、ましてや落ち着く気配すらなかった。

「冗談だろ、そんなこと今頃言ってくるなんて。クリスマスまでにやらなくちゃいけないことがどれだけあるか知ってるかい？　これは精査する必要があるだろうし……」

こんな応対をしてはいけないとわかっていたが、ビルは不満のいくばくかを声にあらわしてしまっていた。

「言い訳はうんざりだよ」

とデニスがわめいた。

「うちは実現しろとプレッシャーをかけられているんだ。なのに、聞こえてくるのはできない理由ばかり。君のところはこの仕事はできないと言いながら、大きな負債を押しつけるケチな相手とのくだらない契約は処理できるんだろ。嫌なことはあわててやるが、面白いことには時間をかけるんだな」

デニスは最後の言葉を吐き出すと、返事を待とうともせず、叩きつけるように受話器を置いた。ビルは片方の耳に痛みを覚えながら、二度と電話なんかとりたくないと思った。

デニスが受話器をとる前に少し深呼吸をしていたら、もう少し実りのあるアプローチがとれていたはずだ。ビルにはデニスの姿が見えなかったのだから、**こんなときこそ想像力をはたらかせて、比喩や感性に富んだ言葉を使うべきなのだ。**たとえばこんなふうに。

「こんにちは、ビル、上の階のデニス・エヴァンズだ。夢想家と実行家が手を結ぶときがきたよ」

「いったいどういうことだい？」

「営業部長のクリスティーンにちょっとしたクリスマス・プレゼントをするんだ」

「それで？」

「君に最後の仕上げをお願いしたいんだが」

「どうぞ」

最初のケースでは、デニスが自分の目的を見失っていた。コミュニケーションよりも感情をぶちまけることに気持ちが向いていたのだ。

第2のケースでは、比喩で会話にスパイスを効かせた。アドバンスト・アプリケーション部を夢想家と呼び、法務部を実行家と呼んだ。クリスマス・プレゼントは契約書。これなら話がスムーズに、気持ちよく、なおかつ効果的に進む。

電話で上手に会話をするには、相手の時間を無駄にしてはいけないが、それと同時に事を急いでもいけない。それに気をつければ、仕事はきちんと片づくはずだ。電話では、声のトーンやペースのとり方が言葉の選択と同じくらい重要なのだ。

コールドコール（見込み客への売り込み電話）
――実践〝リンキング・ステイト〟テクニック③

ビジネスで一番厳しい90秒といえば、コールドコールの最初の90秒だろう。だが、これも必要なこと。「ライバルよりも3倍多く電話をかけたら、4倍成功するだろう」と、かつてマルドゥーンは私に言った。

Talented Women.com の創設者ウェンディ・ケーラーは、テレビのトークショーシリーズをつくった。大企業8社とスポンサー契約を結び、メディアや政界、産業界から著名なゲストを招いた。そして、テレビ局とうまみのある契約を結んだ。これらはすべてコールド・コーリングによって実現したものだ。

これらの契約のうち、ひとつを除いてすべてがまったく会ったことのない人と結んだものだったが、彼女はいったいどうやってこれだけのことを成し遂げたのか？　多くのセールスパーソンと同様に、ウェンディも転職先を探していたアルフレッドと同じことをやった。つまり、控えめな作戦に出たのだ。

最初の電話でお願いしたのは、紹介状だった。すぐには売り込みをかけなかった。そして、この紹介状を依頼する電話で、彼女は10秒コマーシャルと自身の信用度を伝え、相手に何か買わなければいけないというプレッシャーを与えることなく彼女の言葉を広めるチャンスを得たのだ。

彼女がスポンサーやゲストになってくれそうな人物・企業に電話をかけ始めた頃には、すでに強力な人物からの紹介状があり、プロジェクトにもよい評判がたっていた。彼女が契約の話を持ちだす頃には、みな喜んで署名した——何も売り込む必要はなかった。ウェンディが電話をかける前から、コネクションはできあがっていたのだ。

このテクニックはオフィスでも効果を発揮する。ためしにプロジェクトを起ち上げてみてはどうだろう。プロジェクトを進めるにあたって、力を貸してくれそうな人を知らないかと同僚に話しかけてみよう。

成功すれば恩恵を受けられそうな人は誰だろう？　少々控えめな作戦に出れば、あなたに力になりそうな人が喜んで参加してくれるかもしれない。

エクササイズ 13

クローズド・クエスチョンで望む答えに相手を導こう

クローズド・クエスチョン「あなたは○○ですか？」「△△しましたか？」「□□したことがありますか？」の答えをうまく誘導するにはどうすればいいだろう？

サービス業の人たちには、ちょっと得する情報だ。このテクニックはほとんどどんな状況にも使えて、あなたの有利にはたらく。あなたがほしい答えを、質問を上手に使って発信するのだ。

これはいろいろな状況で効果を発揮する。それは、これまでに何度もお話ししてきたように、人間の行動には2つの本能的な要素――一致と同調――があるからだ。

あなたが飛行機に乗っているとする。キャビン・アテンダント（以下、CA）が機内を歩きながら、配ったお菓子を片づけている。時間は押している。CAは「ほかに何か召し上がりませんか？」と声をかけながらも、あなたにコーヒーやワインを頼んでほしくないと思っている。

そんなとき、彼女たちはどうするのだろうか？　**CAは客に声をかけながら、ほとんど気づかれないように「ノー」と首を振っているのだ。**

あなたも試してみるといい。「フォローアップミーティングの予定をとってほしいですか？」と尋ねながら、静かに「ノー」と首を振る。そうすると、かなりの確率で、ノーという返事が返ってくる。あなたが気づかれないように「イエス」とうなずけば、たいてい相手は「イエス」と答えるのだ。

ビジネスランチで信頼関係を築く

古今東西、ビジネスはオフィスや工場よりも、レストランやビストロ、カフェで繰り広げられることが多い。中立な場所で食事をともにするのは、相手がどんな人物かを判断したり、関係を強化したり、ビジネスの話をしたりするうえで、すばらしい方法だ。

だが一方、あなたのマナーの欠如やおぼつかない会話のスキルが見事に露呈する場でもあり、同時に優雅さを見せつける格好の場でもある。

ビジネスランチは信頼関係を築くためのものだ。会う前に相手との共通点を探し始めておこう。**ランチの数日前から、新聞やインターネットで相手のビジネスに関するニュースを拾いだしておく。**ビジネスに関係したニュースがなければ、その日のニュースに注目しておく。これは即席の共通点になる（政治ネタは避けること）。

クライアントを定期的に招待するのなら、特別に選んだレストランと懇意にしておくとよい。たとえば、高級なビストロや一流のパブ、贅沢なカフェなど、あなたの感性とお財布事情に合った店を選ぶ。

忘れてはならないのは、ビジネスに適した雰囲気の店を選ぶこと。清潔、評判のよさ、アクセスのよさ以外に、店選びの際に頭に置いておくことが3つある。

①見た目がきれいか？

②心地よく過ごせるか？

③大声をはりあげなくても話せるか（あるいは、ほかの客に話を聞かれないか）？

店のスタッフと知り合いになっておくのもよい。

あなたはこれまで、ビジネスを学び、スキルを磨くために時間と金を投資してきた。さあ、これからはオフィスを出て、店の支配人やウエイターと親しくなるために、もう少し投資をしよう。彼らはきっとあなたのビジネスに欠かせないツールになってくれるはずだ。

ゴルフコースで信頼関係を築く

トーマスは金融商品を扱っている。じつのところ彼は営業成績が抜群によいのだが、同僚たちはどうしてトーマスがすばらしい販売実績を上げながら、年中日焼けをしているのか不思議に思っていた。

「ときどき私はビジネスを行うために、オフィスを出ていかないといけないんですよ」とトーマスは笑いながら言った。彼はゴルフの試合を4時間の訪問販売と呼んだが、さらに突っ込んで話を聞くと、ゴルフの試合はクライアントとよい関係を築き、充実した時間を過ごすためのすばらしい手段だと打ち明けた。

ゴルフの試合は、4時間にわたって中断することなく情報を集められ、人間関係を築くことのできる格好の機会である。こんなことはオフィスでは到底無理だ。なぜならオフィスでは、仕事に取りかかろうとするたびに、電話が鳴ったり、ドアから危機が押し寄せたりするからだ。

私はトーマスがゴルフ練習場に行くのに同行し、ショートアイアンを手にこんな会話をした。

「私は最初の6ホールで人とつながりをつくり、会話のきっかけを見つけます。礼儀をわきまえつつ少し相手のことを探れるような雑談をして、家族や趣味、経歴など顧客に関するあらゆる情報を仕入れます。

徐々に相手との共通点を探り、それが見つかったら、関係が準備段階に入ったと考えます。そして次の6ホールでは相手のビジネスの性質を知り、共通の目的となる分野を見つけます」

トーマスはそこでいったん話を止め、バッグからドライバーを取り出した。

「こんなふうに話をしていると、ゲーム中の態度や見た目の様子が変化してくるのに気づきます。積極的に攻める姿勢を見せる人もいれば、だんだんリラックスしてくる人もいます」

おおっ、すごい！　ドライバーショットは250ヤード近く飛び、まん中に落ちた。

トーマスは私のほうを見てにっこり笑い、話を続けた。

「最後の6ホールでは、今相手が困っていることや必要としているものを聞きだし、うちの会社や私で手伝えることがないか話をしてみる。コース上では、けっして注文書を取りだしたり、取引の内容を話しだしたりしないけれど、翌朝相手にかかる最初の電話は間違いなく私からのものですよ」

トーマスはドライバーをバッグに戻しながら言った。

「ゴルフにしてもビジネスにしても、秘訣はいったんボールを打ち込んだら、きちんとフォローをするということです」

ビジネスの場で、相手との関係づくりがうまくいくかどうかを左右する要素はたくさんある。良い第一印象をつくる、喜びと自信にあふれているように見せる、好奇心を示す、柔軟性を見せる、などは最優先事項だ。相手の一連の感情をうまく扱う能力に自信があれば、こんなことは簡単にできる。

心の状態をうまくつないでいくテクニック（リンキング・ステイト）は、あなたやあなたのアイデアを魅力的で記憶に残るものにするだけではない。それによって、あなたは強みをもち、相手との関わりを実感し、焦点を合わすべきものがわかってくる。プロセスを楽しみ、練習を重ねてスキルを上げ、自信が高まっていくのを実感しよう。

第12章

イマジネーションに訴えるプレゼンテーションをしよう

11月のある日の午後、私はマルドゥーンの講演に同行し、ペルシャ絨毯を敷いた廊下を歩き会議室に向かっていた。

「200席用だね？」

マルドゥーンはベルボーイにそう尋ねながら中に入った。

「はい。劇場ですので、演壇はありません」

と答えたベルボーイに、マルドゥーンが10シリング札を渡した。

「ありがとう、ピーター」

「だけど、フランク」

ピーターが立ち去ると、私は言った。

「もっと多くの席が必要なんじゃないですか？」

「どうしてだい？」

マルドゥーンがステージに向かいながら答えた。

「233人の申し込みがあったからです」

浅はかだった。マルドゥーンがミスをするわけがない。

「ニック」

マルドゥーンが目を輝かせて言った。

「たいていの会社はイベントに450人の申し込みがあれば、500席用の部屋を予約する。だから欠席者が60人出ると、部屋は半分空いたように見えてしまうんだ。私なら450人の客に対して、350席用の部屋を予約する。少し予備の椅子を用意してね。そして満席にする。**立ち見席以外満員の状態にすれば、成功の雰囲気が漂う。半分しか埋まっていない部屋には失敗の匂いがする。**わかったかな?」

プレゼンテーションのコツはイメージをつなげること

30分後、場内は広告業界のエグゼクティブやアナリスト、メディアバイヤー、《ウーマン》誌の広告部の営業スタッフや一部の編集スタッフで埋め尽くされた。

私が数えたかぎりでは18人が立ち見にまわった。そこにはエネルギーがあふれていた。いいムードだ。

マルドゥーンはステージに上り、場内が静かになるのを待った。そして、「こんにちは」

とも「ようこそ」とも「来てくださってありがとう」とも言わずに、いきなり《ウーマン》誌の最新版を掲げた。

マルドゥーンはもったいぶった態度で場内を見まわすと、雑誌の裏表紙をわざと引きちぎった。そして、それを高く掲げてひらひらさせた。

「こんなものに7500ポンド払う人間がいたら、そいつは気が狂っている！」

場内はシーンと静まりかえったが、マルドゥーンは一気に笑顔になり、引きちぎった裏表紙を雑誌の残りの部分に叩きつけた。そして言った。

「けれどもこれにくっつけた途端、あなたがたは、400万人の買い物好きな女性たちにメッセージを送り届ける、この国で一番パワフルな、コスト効率のよい媒体を手にすることになるのです。

では、どうしてこの雑誌がこんなに人気があるのでしょう？　どうしてこれほど多くの人が愛読し、信頼してくれるのでしょう？

それは、この雑誌には、毎号少々きわどいセレブのニュースや、テレビが大騒ぎする刺激的なゴシップ、そして心温まる実話などが詰め込まれていて、毎週読まずにはいられない雑誌だからなのです。

最新のライフスタイルや、家族で楽しめる健康的な料理に関する新しいアイデア、ふらりと行ってみたい旅先、そういった情報がほしい人には一番の選択なのです」

そこまでの時間は――30秒。すでに場内を埋め尽くした人々は、マルドゥーンの話に釘づけになっていた。


「当社はコベントガーデンから5分ほどのところにあります」

マルドゥーンは雑誌を手に持ったまま続けた。

「そこには新鮮さ、多様性、優れた価値、プロの知識、それに……」

それからの2分間、彼はイギリス最大の市場について話し、そのすばらしいイメージを聴衆の心のなかに呼び起こすと、あらためて雑誌について話しはじめた。

「毎週400万人がこの雑誌の世界に足を踏み入れます。ただあてもなくさまようのではなく、そうしようと意識的に決断しているのです。それが読者の定例になっています」

彼は、そこから直接的な比較にスイッチを切り換えた。

「《ウーマン》はまるでコベントガーデン・マーケットのような雑誌です。コベントガーデン・マーケットは、この雑誌と同様に、いくつかのセクションに分かれています。飲食、文化、エンターテインメント。それは、ビジネス・パートナーにはかりしれない結果をもたらしています。また、マーケットはこの雑誌と同様に、季節に応じたセクションをもたらしています。それはたえず新しいアイデアやトレンドの活力となっているのです」

それから、マルドゥーンは彼が聴衆の心につくりあげた類似体験（コベントガーデン・マーケットのイメージ）とリンクさせながら、発行部数と読者層、レスポンス率を示した。聴衆が次に広告についての意思決定をする際に、《ウーマン》誌と彼が聴衆の心に植えつけたイメージとがきっとつながるに違いないと、マルドゥーンは確信していた。

4分後、マルドゥーンはあっさりと締めに入った。私は自分の仕事にそなえて、ドアのそばで待機した。

「本日はお帰りになる前に……」

それが合図だった。私がステージ左のドアを開けると、コベントガーデン・マーケットの4人の店主が2台のカートを押しながら入ってきた。すべての視線がカートに注がれた。

「今日お越しいただいたお礼のしるしとして、みなさまにお持ち帰りいただくものがあります」

聴衆が一斉に拍手を送った。

カートには、ボール紙でできた小さなブリーフケースサイズの箱が積み上げられていた。それぞれ表側には、《ウーマン》最新号の表紙が刷られ、裏側にはその日のプレゼンテーションの要約が、マーケットの香りを呼び起こすようなデザインで載せられている。後ろ側には、広告主の名が連なっていた。そして、箱のなかには、フルーツとチーズとナッツの詰め合わせと、当然ながら、《ウーマン》最新号が透明なビニールに包まれて入っていた。マルドゥーンは本当に頭が切れる。聴衆のほとんどが帰りの電車のなかで、パッケージに目を通すことがわかっていたのだ。

ポイント（主張）がなければプレゼンテーションではない

しばらくしてから私たちは講演会場のホテルを出て、オフィスまで5分ほど街を散歩して帰ることにした。

夕方5時頃、私たちは〈ナグス・ヘッド・パブ〉のそばを通った。その時間帯なら、新聞や雑誌、広告関係者のたまり場となっている有名な店だ。マルドゥーンは
「今からオフィスに戻ってもしょうがない。ちょっと祝杯といこうか」
と言った。

〈ナグス〉は騒がしく、ライターやエディター、広告代理人、アーティスト、それに出版関係者であふれかえっていた。

マルドゥーンは数人と握手し、何人かの背中を軽く叩いていた。私は知らないうちに、店お勧めのビターのパイントグラスを握っていた。それから私たちは、冗談ばかりの中身のない会話に加わった。

マルドゥーンが窓のそばの空いたテーブルを顎で指した。私が先に行って、椅子を引っ張ってきた。

「さて、フィードバックタイムだ」
マルドゥーンはクラレットのグラスを手に持って、私の向かいに座った。

「君が気づいたことは？　何が目に留まった？」

「たくさんあります」

何から始めようか？

「出だしから聴衆は話に釘づけでしたね」

マルドゥーンは彼の特徴的なグレーの眉を上げ、そして笑顔を見せた。

「裏表紙を引きちぎって、『こんなものに７５００ポンド払う人間がいたら、そいつは気が狂っている！』と言ったとき、今度は聴衆の目があなたに釘づけになっていましたよ」

「すばらしい」

彼はクラレットに口をつけた。

「主張も最高でした。『４００万人の買い物好きな女性たちにメッセージを送り届ける、この国で一番パワフルでコスト効率のよい媒体』」

「うん、いいね。ゴールデンルールをちゃんと覚えていたんだね。〝**ポイント（主張）がなければ、プレゼンテーションではない**〟。何のためにそこにいるのかわからないことほど、聴衆をいら立たせることはないからね。

ポイントには、それに関わる原因と結果が含まれていないといけない。Xを行えば、それによって望む結果が得られる。Xを行わなければ、Yが起こる。では根拠と論理を押さえておく。そうすれば、プレゼンテーションは筋の通ったものになる。そして、あとはポイントを証明するだけだ」

彼は続けた。

「聴衆を説得する前に、まず彼らの注意を引きつけておかないといけない。注意を引けば、彼らの関心を引くことができる。いったん聴衆の関心を引けば、イマジネーションをかき立てることができる。そうなれば確実に聴衆の心は動く」

マルドゥーンは遠巻きにウエイトレスを見て、うなずいた。

「ウエイトレスの注意を引けば、確実に食べ物もついてくる」

私はフィッシュ・アンド・チップスを注文した。マルドゥーンは〝エスペタータ〟という料理を選んだ。メニューにはこのように書いてある。

「ポルトガル料理。ニンニクと塩をまぶした牛肉のぶつ切りを焼き、串に刺し、スタンドのフックに引っかけてテーブルにお出しします」。シシカバブの愛称みたいなものだ。

「ニック、80％の時間、人は自分が何かをやっている理由をわかっていないんだ。**人は自分では合理的だと思っていても、じつは感情に基づいて意思決定をしている。**

つまり、自分はこうしたいのだと心がイメージしているものに左右されるんだ。君の言葉が、相手のイマジネーションのなかに入り込めたら、そこで映像をつくり、音をつくり、感触をつくり、匂いと味をつくることができる。つまり、ものごとを生き生きとリアルに感じさせる感覚反応を引き起こすことができるんだ」

イマジネーションをかき立てる言葉を使え

マルドゥーンは窓越しに通りの向こうを指さした。

「地下鉄の駅に続く歩道が見えるかい？　この地域がきれいになるまでは、目の不自由な物乞いがあそこに座っていたんだ。

爺さんは、メッセージを書いた厚紙を膝にのせていた。そこには2つの単語だけが書かれていた。〝I'm blind（私は目が見えません）〟。通行人がときどき小銭を帽子のなかに入れるが、ずる賢い泥棒がそれをかすめとっていく。

そんなとき、4月のある晴れた朝に、オフィスから出てきた若い広告マンが、このメッセージに少しだけ言葉を足してもいいかと尋ねたんだ。もちろんいいと爺さんは答えた。爺さんはその若者の声に聞き覚えがあった。ちょくちょく小銭を入れていっては、『幸運を』と声をかけてくれる青年だったんだ。

広告マンは厚紙を裏返し、5つの単語を書いて裏向きに爺さんの膝にのせてやった。その日が終わる頃、広告マンは足を止めて、その後どうなったかを確かめた。盲目の爺さんは、コインが落ちていく音を聞いて耳を疑ったと言った。そしてこう尋ねた。『いったいこれに何と書いてくれたんだい？』

『たいしたことじゃないよ。たった3つの単語を書き加えただけさ』広告マンは答えた。

『たった3語でこんなに変わるのかい？』

『人のイマジネーションをかき立てるような3語なんだ』。

爺さんは若者に何と書いたのか教えてくれとせがんだ」

マルドゥーンは時間をかけてクラレットを口に含んだ。

「よし、料理はきたのかな？」

「ええっ、いったい何て書いてあったんですか？」

「何がだ？」

「メッセージですよ」

「ああ。私のちょっとした作り話が、どうやら君の関心を引いたようだね？」

ウエイトレスが皿のバランスをとりながら、やってきた。フィッシュ・アンド・チップスはキツネ色でサクサクしていた。

マルドゥーンはリネンのナプキンを開いて、襟のすみにねじ込んだ。

「よし、準備万端」

「フランク、メッセージはどうなったんですか？」

「ああ、あれね。〝It's spring. And I'm blind（春が来た。でも私は目が見えません）〟」

「すごい！　そのメッセージを見て、人々は足をとめ、イメージしたんですね。もし自分がこの人だったらどうだろうと」

と私は言った。

「そして、何人かの心をつかんだ」

「そのとおり。もっと端的に言うなら、財布もつかんだというわけだ」

マルドゥーンはナプキンで指を拭き、クラレットに口をつけた。

優れたプレゼンテーションを構成する4つの要素

「優れたコミュニケーションは、人の心を引きつける言葉があるか否かにかかっている。その言葉は、4つのホットボタン（決め手となる要素）を押し、反応を引き起こすものでないとダメなんだ」

マルドゥーンは指でテーブルを叩きながら、4つのホットボタンを挙げていった。

「**注意〈Attention〉、関心〈Interest〉、願望〈Desire〉、そして行動〈Action〉**だ。

優れたプレゼンテーションは、このシシカバブのようなものだ。フック、ポイント、焼いた肉、シズル（肉が焼けるジュージューという音）で、この4つのホットポイントをすばやく攻める。プレゼンテーションとは、相手が納得して行動を起こすようにすることだ」

マルドゥーンはフォークを取り上げた。

「フックは相手の注意〈Attention〉を引くもの。これが〝A〟」

彼はフォークをシシカバブのメタルフックに当てて、カチンと音をたてた。

「Attentionの〝A〟ですね」

「ポイントとは、相手が関心〈Interest〉をもつ理由となる部分だ。相手にとってどういう意味があるかということ。これが〝I〟」

カチン。

「Interestの〝I〟」

マルドゥーンは続けた。

「肉とは、論理的に考えるための材料、つまり、筋が通るようにポイントを裏づける事実や数字だ。シズルは〝遊び〟。印象的で、相手を満足させ、感情に訴える部分だ。それにより相手の理性とイマジネーションをうまく調和させ、相手の願望〈Desire〉をぐいっと引っ張りだす。それが〝D〟」

またカチン。

マルドゥーンは前かがみになって、シシカバブの匂いをかいだ。それから椅子に深くかけ直した。

「そして、見た目も匂いも申し分のないところで、腕まくりをし……」

カチン、カチン。

「Actionの〝A〟だ。さあ、食べよう」


まとめよう。プレゼンテーションをシシカバブになぞらえると、次の4つの構成要素でできているということができる。①**フック**、②**ポイント**、③**焼いた肉**、④**シズル（肉が焼けるジュージューという音）**、だ。

①**フック……**しょっぱなから聴き手の注意を引きつけるためのもの。マルドゥーンはあっと驚くようなフックを使う。たとえば、大量の封筒を床に投げ出したり、雑誌の裏表紙を引きちぎったり……。ほかにも相手の注意を引くには、挑発的な質問をする、衝撃的な統計値やショッキングなヘッドラインを紹介する、といった方法

がある。

②**ポイント……**きっぱりとした口調で肯定的に述べる、簡潔な主張。「成功する人は……する人」のように肯定文であることが大事。「成功しない人は……しない人」のような言い方は避ける。

〝ポイント〟はあらゆることをざっとまとめたものであること。プレゼンテーション全体でこのポイントを証明していく。そしてどのようなプレゼンテーションも、以下の3つの質問**「要は何なのか?」「誰がやるのか?」「私（聴き手）にとってどういう意味があるのか?」**に答えるようなものにする。

③**焼いた肉……**ここでいう〝肉〟とは、聴き手の意思決定に必要な信頼できるデータのこと。具体的には、コスト、市況、ライバルの状況、タイミング、サポート、売上高など、前向きな意思決定に関係することなら何でも。右のポイントを裏づけるデータであること。

④シズル……ここでいう〝シズル〟は、小道具（傘、ケープ、ゴルフのクラブなど）の使用や聴き手とのやりとり、ユーモラスな逸話（ジョークは避けたほうがいい。全員がジョークを理解しないかぎり、聴き手を分裂させてしまう）、聴き手の参加（誰かにある言葉や数字などを覚えてもらう、誰かに何かをやってもらう、言ってもらう）などが考えられる。

①〜④がひととおり終わったら、最後にもう一度、〝ポイント〟を話す。定番の結びの言葉を使えばいい。たとえば「この話の教訓は……」。

そして締めには、聴き手に参加を求めたり、行動を呼びかけたりするといい。**別れ際に、聴き手がプレゼンテーションの内容を〝現実のものにしはじめる〟ための具体的なステップを用意するのだ。**

聴き手にキーフレーズをメモしてもらってもいいし、ティーバッグをプレゼントして、のちほど紅茶を飲みながら内容を検討してほしいと頼んでおくのもいい。とにかく、聴き手が何らかの行動にでるためのきっかけとなるものを用意すること。

相手の頭の中に絵を描く

私たちは数分間、沈黙のまま料理をどんどん片づけていた。マルドゥーンは口をぬぐい、水を飲んだ。

「ところで、〝I-KOLA〟なんだがね」

私はうなずいた。マルドゥーンが何の話をしているのか皆目わからなかったが、彼が教えてくれるはずだと思って、口を閉じていた。

「『優れたプレゼンテーションは、シシカバブのようなものだ』と言ったが、シシカバブは聴き手に君のアイデアを実践させる3つのテクニックのうちのひとつにすぎない。

じつは、『優れたプレゼンテーションは、シシカバブのようなものだ』と言うとき、私は第2のテクニックを使っているんだよ。私はそれを〝I-KOLA〟と呼んでいる。

〝I-KOLA〟は、〝is kind of like a（まるで○○のようだ）〟の頭文字を集めた造語だ。

たとえば、『新しい監視システムはまるでヤシの木のよう』『マーサはまるで肉切り包丁で肉をぶった切るように交通状態を処理した』。
これは複雑な概念をシンプルな絵で表す方法だ。シシカバブのイメージは、何ページ分もあるデータで説明されるより、ずっと理解しやすいだろ。ニック、これは覚えておくといい。**事実や数字はすぐに頭から消えていく。けれど、絵やストーリーは永遠に頭に残る**」

「今日のことですね」

私が答えた。

「『《ウーマン》はまるでコベントガーデン・マーケットのような雑誌です』と言えば、カラフルでみずみずしいイメージが頭に浮かびます」

「相手のイマジネーションをつかむためには、まず自分のイマジネーションを使わないとだめなんだ」

〝I-KOLA〟文のすべてが〝It's kind of like…（まるで○○のような）〟の形式でなくてもよい。ウォーレン・バフェットは貿易赤字を説明してくれと言われて、こう言った。

「この国は広大な農地を所有する豊かな一族のように振る舞ってきた。生産高よりも

４％多く消費するために――これが貿易赤字――われわれは日々農地の一部を売り、借金を増やしているのだ」

なんとすばらしい！　バフェットは複雑なテーマを10歳の子どもでもわかるように説明したのだ。

〝I-KOLA〟をつくれば、複雑な概念もシンプルかつ印象的で、人の興味を引くものになる。このテクニックは、問題解決やブレインストーミング、説得、動機づけ、指導にすばらしい効果をもたらし、パーソナリティや人間関係の把握にも大いに役立つ。

〝I-KOLA〟のフレーズは、３秒から30秒で伝わるものがよい。

１９６４年、モハメド・アリがボクシング界を一新したとき、彼はヘビー級王者ソニー・リストンを〝醜い熊野郎〟と呼び、自らを〝蝶のように舞い、ハチのように刺す〟と表現した。イメージを喚起する彼の言葉は、直喩と隠喩のわかりやすい例だ。

直喩は、あるものを別の何かにたとえる言い方で、「…のような」「…ごとし」などの言葉を使う。「輸送部と話をするのは、レンガの壁に話しかけるようなものだ」「受付係は氷のように冷たい」はともに直喩だ。

隠喩も同じようなたとえだが、「…のような」「…ごとし」などの言葉を使わない。「われわれは自ら土を削り道を開く大河だ」は隠喩だ。「熱さに耐えられないなら、台所から出ていけ（きびしい状況に耐えられないなら大事を引き受けるな、というたとえ。トルーマン米大統領の言葉）」も同様。

マルドゥーンはこの直喩と隠喩をまとめて、シンプルに〝I-KOLA〟と呼んだ。コツをつかめば、〝まるで……のようだ〟を省くこともできる。〝I-KOLA〟はあなたがやる気を出すための単なるツールにすぎない。

第13章

人前で話す恐怖に打ち勝とう

数年前、私はテキサス州ヒューストンの《ザ・デブラ・ダンカン・ショー》にゲストとして招かれた。〝アメリカ最大の恐怖〟というタイトルで1時間の特集を組んでおり、その日は「人前で話すという恐怖」がテーマだった。

プロデューサーは事前に、大人数を前に話すのが苦手なのに、継続的にプレゼンテーションをしなければならない職業の人を募集していた。私はこの番組で、人前で話す恐怖に打ち勝つ方法を教えることになっていた。参加者として5人が選ばれていたのだが、そのうち3人は直前まで尻込みしていた。

番組の前日、私はそのうちの一人、テレサと会わせてもらった。彼女は30代半ばのCPR（心肺蘇生法）のインストラクターで、とても素敵な女性だった。彼女の仕事は、組織や企業を訪問し、救命法を指導することだ。彼女の唯一の問題は、大勢の前で話をすると考えただけで、身体がこわばってしまうことだった。

私たちが会う数時間前、彼女が初対面の人の集団を前に会議室でプレゼンテーションをする様子をテレビ局が録画しておいてくれた。その映像は見ていて辛くなるものだった。テレサがパニック状態のあらゆる徴候を見せていたからだ。

アイコンタクトをとらない、顔がこわばり引きつったような笑顔を浮かべている、2、3語話すたびにごくりと唾を飲み込む、膝ががくがくし身体が動かない……そしてついには、言葉が出なくなった。どんな話し手にとっても悪夢である、ブレインロック現象が起こってしまったのだ。

自分の話のテーマに心から関心をもつ

私たちは一緒にビデオを見直し、1時間ほどかけて、彼女の言いたかったことをどう構成すればよかったのかを検討した。とはいえ、これが私たちの話し合いのなかで一番重要な部分ではなかった。私は彼女と会っていた時間の大半を使って、テレサに話し手としての潜在能力を解放するための練習をいくつか紹介した。

「話のテーマに心から関心をもつんだ。**あなたが関心をもたなければ、相手を納得させられるわけがない。自分のテーマに情熱を傾けて、自分の弱気に邪魔をさせないこ**

とだ」

私は、テレサが自分のテーマに心から関心をもつ方法を見つけてやらなければならなかった。

「テレサ、君は救命に関わる仕事に就いている。いろいろなところに出かけて、CPRについてできるだけ多くの人に話すのが君の務めだ。明日、番組に出演することで、君は命を救うことになるんだよ。これから何週間、いや何年にもわたって、何十人もの人が救われるんだ。なぜなら、君がCPRについて熱心に話すのを誰かが聞いて、自分も何かをやろうという気になるからだ。君は自分の言葉を広めないといけないんだよ」

テレサは**自分の内面を見ること――自分自身や不安について考えること――から、外の世界を見ること、他人を思うこと、そして彼女の話を聞いた誰かが人の命を救うのだと考えることに焦点を切り替えた。**

彼女はイマジネーションを使って、プレゼンテーションの最高の結果――聴き手が彼女の話に夢中になっている――を頭に描いてみた。けっして、最悪の結果（口ごもり、恥ずかしい思いをしている自分）ではなく。
私たちは1時間ほどかけて、いくつかの練習をした。テレサは私が指導したことをちゃんと練習し、彼女を苦しめる恐怖症に真正面から取り組むと心に誓って帰っていった。

あなたがその話題に強い関心をもっていれば、相手を納得させるのはとても簡単だ。あなたのメッセージのなかで、あなたにとって重要なのは何かを考え、心を込めて話そう。

呼吸に集中する「鼻の移動」テクニック

翌日の午前9時、テレサは250人のスタジオ見学者と何万人もの視聴者の前に出てきた。そして、聴衆の前に立つと不安が押し寄せるという、彼女の問題について話しだした。

10分ほど会話をしたのち、司会者のデブラ・ダンカンがテレサに、新しいものの見方をすることで何か変わったと思うか？　と尋ねた。

テレサはその質問に答える代わりに、デブラからハンドマイクを借り、客席のほうに歩いていった。それから3分間ほど、テレサはまるで自分が番組を仕切っているかのように、見学者に質問をし、CPRについての説明をしはじめた。

誰もが面食らっていた。あの、知的でカリスマ性に満ち、誰でも一度は会ってみたいと思うデブラ・ダンカンが、テレサを追いかけ、マイクを返してもらわなくてはならなかったのだ！

「ねえ、誰の番組だと思ってるの？」

と冗談を言いながら。

その後、「あなたの変身に一番大きく貢献したのは何？」とデブラが問いかけた。

それに対するテレサの答えは、全員を驚かせた。

「いろいろやったなかでも一番効果があったのは、呼吸法ね」

と、テレサは私が教えた〝鼻の移動〟という呼吸法を挙げたのだ。

ほかの人は驚いても、私はまったく驚かなかった。前日二人で話をしていたときから、イマジネーションが彼女をだめにしていたことは明白だった。テレサは、うまくいかなかった場合を想像して、不安に駆られていたのだ。

モデルに「笑って」と言っても、いい笑顔が撮れないように、カメラマンは「リラックスして」と言っても、相手がリラックスできないことを知っている。けれど、何とかしないといけない。

彼女の瞳のなかの恐怖を見て、私にはある記憶がよみがえってきた。そしてテレサにこんな話をしてやったのだ。

私の末の娘のピッパは、喘息と闘いながら生きている。数年前、まだ朝の早い時間に、ピッパは呼吸が苦しくて目を覚ました。吸入器も役に立たなかった。私はピッパを抱き上げると車にのせ、うちの農園から20マイルほど離れたところにある、人工呼吸器のある病院をめざした。

5マイルほど行ったところで、娘の呼吸困難は悪化してきた。私はなんとか楽にしてやりたいと必死になっていた。そこで突然、全寮制の学生だった頃独学で覚えたテクニックを思い出した――〝鼻を移動する〟方法だ。

その当時、私は匂いに関して問題を抱えていた。ある不快な匂いをかぐと、吐き気が我慢できなくなるのだ。私はこの問題に打ち勝とうと何十もの方法を試してみたが、ひとつとして効果を示さなかった。そんなある日、必死の思いから、私は自分の鼻が胃のまん中にあるとイメージしたところ、不思議なことに匂いは消えてしまったように思えた。

そこでその朝、ピッパを病院に連れて行く車のなかで、私は優しい声で娘にこう言った。「目を閉じて、大きな大きな洞くつの入り口がおでこの真ん中にあるとイメージしてごらん。さあ、その洞くつを空気が好きなだけ通っていくよ」

私が娘をなだめるようにこう言うと、それからわずか1、2分のうちに、私のかわいい娘は落ち着きを取り戻し、緊張がほぐれてきた。危機は通り過ぎた。

ここで少し呼吸の話をしよう。最近、誰かにヒヤリとさせられたことはないだろうか？　目の前で誰かが赤信号を渡ろうとして、車にぶつかりそうになったとか。

そのあと、あなたの呼吸はどうだったろうか？　速く、短く、浅い――これが防御反応による呼吸で、あなたの身体全体がその合図に応えているのだ――心臓がどきどきする、アドレナリンが上昇する、あなたは最悪の事態をイメージしてしまう。そんなときは、パラダイムを切り替えて、**お腹から深くゆったりとした呼吸を始めなくてはいけない**。

〝鼻を移動する〟テクニックを覚える前に、テレサは深い呼吸を始める必要があった。彼女に腹式呼吸を始めてもらうために、私はこう言った。

「片手を胸の上に置いて、もう片方の手をへその真下に置いてごらん。そして、胸の上に置いた手がまったく動かなくなり、お腹に置いた手が息を吸うたびに外向きに動き、息を吐くたびに内向きに動くまで、呼吸を練習するんだ」

テレサには簡単だったようで、すぐににこやかな笑顔を見せた。腹式呼吸をすれば、ほとんどの人がやっている胸式呼吸の2倍の空気を吸い込むことができる。だから、はじめて腹式呼吸をすると、空気が一気に入ってくるような気がするだろう。

ようやく、テレサの鼻を移動させるときがきた。

「お腹で息を吸ったり吐いたりを続けながら、君の鼻がへその真下にあるとイメージし、そこにある鼻を通して直接お腹で息をするんだ」

テレサがクックッと笑った。

「あら、すごく簡単」

「もう一度やってみて。今度はコーヒーの匂いが嗅げるかな？」

部屋には、淹れたての熱いコーヒーの入ったポットがあった。

「だめ。鼻のスイッチを入れ直さないと」

とテレサが言い、私たちは大笑いした。

あなたが呼吸に集中しているかぎり、恐怖は鎮まっている。このテクニックで多くの人が恐怖から解放されてきた。エレベータを怖がっていた男性も、キッチンナイフにびくびくしていた女性も。この日ヒューストンで、テレサは人前に出ていき、テキサス州の住民すべてにＣＰＲを教えられるだけの自信をつけた。

エクササイズ 14

スクエア・ブリージングの呼吸法を身につけよう

プレゼンテーションの前に心を落ち着かせる簡単な呼吸法を紹介しよう。

4つ数えながら息を吸い、息を止めて4つ数える。次に4つ数えながら息を吐き、息を止めて4つ数える。これを10回繰り返す。

防御反応による呼吸と同じように、この方法によるスローダウンにもあなたの身体全体が反応する。気持ちがのんびりとして、身体がリラックスし、「すべてOKだよ」という心のメッセージを受け取れる。

気持ちがよければ、次は8つずつ数えながらやってみよう。さらに12ずつ数えながらやってみよう。これを一日数分ずつ1週間続けられれば、もう大丈夫だ。あなたはこのすばらしいスキルを墓場まで持っていくことだろう。ただひとついえるのは、スクエア・ブリージングが上手になれば、あなたは何度もこれをやるようになり、墓場はどんどん遠くなるということだ。

あきらめずに挑戦する

成功は仕事の出来だけで決まるわけではない。どれほど仕事の内容に関心をもっているか、仕事相手とどれだけ心が通じ合えるか、あなたのメッセージがどれだけ相手に伝わるかにもかかってくる。

大勢の前でプレゼンテーションをする能力があれば、キャリアもものにできるだろう。自信をつければ、それまで想像もしていなかった世界があなたを待っているだろう。

人前でのスピーチは**義務感ではなく、情熱をもってやるものだ**。そして、それは臆病かどうかの問題ではなく、練習の問題なのである。次の2つのステップを頭に入れておこう。

①**人と関わりをもつ……**テレビやゲーム、その他の娯楽はしばらく忘れて、人とふれあえる活動を始めよう。少なくとも週に1度――多ければ多いほどよい――家の外で知らない人と直接顔を合わせる機会をもとう。何かのクラスを受講する、アマチュアの芝居や何らかの目的で集まったグループに参加する、など、どれも素敵な選択肢だ。

②**関わりつづける……**3ヵ月間は定期的に人とふれあえる活動に参加する。

エクササイズ 15

直前のドキドキと最初のそわそわを克服しよう

①**体を動かす……**心と体は一体だ。両腕と両脚を広げてジャンプすれば、緊張することもない。人前で話す直前に、どこか一人きりになれる場所を探して（トイレなど）、体をしっかり振ってみよう。

②**味方を探す……**聴衆のなかに、親しみを感じる顔を探してみよう。彼らはいつもそこにいて、うなずき返してくれる人たちだ。ありがたいことに、うなずいてあなたに同意を示しながら、ほほえんでくれる。通常、聴衆の5％がこういうタイプだ。そういう人を3、4人見つけておいて、気持ちを楽にしたくなったら、彼らの顔に視線を戻そう。

③**スクエア・ブリージング……**ときには、堂々と立っていることも歩きまわることもできなくなることがあるだろう。そういうときは、スクエア・ブリージングを試し、気分を落ちつけよう（277ページ参照）。

④**頭が真っ白になったら……**多くの話し手がときおり頭が真っ白になる経験をして

いる。メモを持たない場合はなおさらだ。私の場合は、１日に複数の講演を引き受けると、よく起こる。気がつくと、「これはもう話したんじゃないか」と考えている。その講演で話してしまっている場合もたまにはあるが、たいていは同じ日に先にやった講演で話しているのだ。

そんなときのための逃げ場を見つけておこう。聴衆とやりとりのできる講演なら、私の場合、質問をする。できれば、質問はその話題に関係したものがいいが（たとえば「……を経験した人はいますか？」）、「ここまでのところで何か質問はありますか？」というシンプルな質問でもかまわない。

好機はつかめば増す

——孫子

これまでのところで、あなたはクライアントや同僚あるいは見込み客に好印象を与え、彼らとつながりをつくり、アイデアを伝えるためのツールをたくさん手に入れた。

最後にもうひとつ、私が努力して手に入れた知識をあなたにお教えしよう。それは、あなたが築いてきたつながりの一つひとつを、一番の宝物として扱ってほしいということだ。なぜなら、いつか本当に宝物になるからだ。私はそれをよく知っている。

数年前、当時14歳だった娘のケイトが、地元の村にアロマテラピーの店が新しくオープンしたと教えてくれた。その店は自宅の農園から10マイルほど離れている。娘はその店に連れて行ってくれと私に頼んだ。

ケイトが店内を探索するあいだ、私はオーナーのアレクサンドラと会話を始めた。アレクサンドラはどうやってこの小さな店を開くにいたったかを話してくれ、私にどんな仕事をしているのかと尋ねた。私はちょうどその頃1作目の本を出したばかりだった。

翌週、アレクサンドラが電話をくれた。今度アロマテラピーの講習会を開くのだけれど、そこで20分ほど本の内容について話してくれないかと言うのだ。私は快諾し、講習会に集まった彼女の仲間たちと楽しい夕べを過ごした。その日の終わりには、アレクサンドラの仲間のうちの3人から、人数が集まったらワークショップを開いてくれないかと依頼を受けた。

彼女たちはなんとか40人を超える人々を集めて、地元のホテルの1室を借りた。それはすばらしい会合になった。参加者は若い女性が多かったが、そのうちの一人がいとこを連れてきていた。

2週間後、そのいとこから電話があり、彼が所属するネットワーク・グループの70人のメンバーの前で、セミナーをやってくれと依頼された。私はOKした。そのセミナーの参加者のなかに、ミーティング企画会社に勤めている人がいた。

彼は私のことを講演者として会社に推薦してくれた。

2年後、私はAT&Tの国内販売会議で、会場を埋め尽くす1600人の人々の前で、オープニングの基調講演を行った。その講演は、彼らに言わせると、「これまでにない成功」だった。そして、私はそれ以後もひたすら前進を続けてきた。

もちろん、こうして次々と成功が成功を生んできたのには、幸運のおかげもあっただろう。**けれども大事なことは、チャンスが扉をノックしたときに、私には人とつながるための準備ができていたという事実だ。**

最後にこのストーリーの教訓をお伝えしておこう。

14歳の娘から地元の村に新しくできたアロマテラピーの店に行こうと誘われたら、断ってはいけない。大事なつながりがどこに転がっているかわからないからだ。世界はチャンスにあふれている。あなたがしっかりと目を見開いてさえいれば。

チャンスに心をひらいておこう。
大事なつながりが
次はどこに転がっているか
わからない。

90秒で好かれる技術　改訂版

発行日　2018年6月15日　第1刷

Author　ニコラス・ブースマン

Translator　中西真雄美
Book Designer　西垂水敦(krran)

Publication　株式会社ディスカヴァー・トゥエンティワン
〒102-0093　東京都千代田区平河町2-16-1 平河町森タワー11F
TEL　03-3237-8321(代表)
FAX　03-3237-8323
http://www.d21.co.jp

Publisher　干場弓子
Editor　千葉正幸+藤田浩芳

Marketing Group
Staff　小田孝文　井筒浩　千葉潤子　飯田智樹　佐藤昌幸　谷口奈緒美
古矢薫　蛯原昇　安永智洋　鍋田匠伴　榊原僚　佐竹祐哉　廣内悠理
梅本翔太　田中姫菜　橋本莉奈　川島理　庄司知世　谷中卓
小木曽礼丈　越野志絵良　佐々木玲奈　高橋雛乃
Productive Group
Staff　原典宏　林秀樹　三谷祐一　大山聡子　大竹朝子　堀部直人
林拓馬　塔下太朗　松石悠　木下智尋　渡辺基志
E-Business Group
Staff　松原史与志　中澤泰宏　西川なつか　伊東佑真　牧野類　倉田華

Global & Public Relations Group
Staff　郭迪　田中亜紀　杉田彰子　奥田千晶　李瑋玲　連苑如

Operations & Accounting Group
Staff　山中麻吏　小関勝則　小田木もも　池田望　福永友紀

Assistant Staff　俵敬子　町田加奈子　丸山香織　小林里美　井澤徳子　藤井多穂子
藤井かおり　葛目美枝子　伊藤香　常徳すみ　鈴木洋子　石橋佐知子
伊藤由美　小川弘代　畑野衣見　井上竜之介　斎藤悠人
平井聡一郎　曽我部立樹

DTP　有限会社マーリンクレイン
Printing　株式会社厚徳社

ISBN978-4-7993-2307-6